科学巨人 华罗庚

中国科学家的榜样故事

松鹰 主编
顾迈男 编著

童趣出版有限公司编 人民邮电出版社出版
北京

图书在版编目（CIP）数据

华罗庚 / 松鹰主编；顾迈男编著；童趣出版有限公司编. -- 北京：人民邮电出版社，2022.11
（科学巨人. 中国科学家的榜样故事）
ISBN 978-7-115-59300-9

Ⅰ.①华… Ⅱ.①松… ②顾… ③童… Ⅲ.①华罗庚（1910-1985）－生平事迹－少儿读物 Ⅳ.①K826.11-49

中国版本图书馆CIP数据核字（2022）第082105号

主　　编：	松　鹰
编　　著：	顾迈男
责任编辑：	徐　妍
执行编辑：	崔佳琪
责任印制：	李晓敏
美术编辑：	段　芳

编　　：	童趣出版有限公司
出　版：	人民邮电出版社
地　址：	北京市丰台区成寿寺路 11 号邮电出版大厦（100164）
网　址：	www.childrenfun.com.cn

读者热线：010-81054177　　经销电话：010-81054120

印　刷：	天津千鹤文化传播有限公司
开　本：	880×1270　1/32
印　张：	5.5
字　数：	120 千字
版　次：	2022 年 11 月第 1 版　2025 年 3 月第 6 次印刷
书　号：	ISBN 978-7-115-59300-9
定　价：	28.00 元

版权所有，侵权必究。如发现质量问题，请直接联系读者服务部：010-81054177。

序

华罗庚是当代著名数学家，中华人民共和国现代数学事业的开拓者和奠基人，他是世界上最有影响力的中国数学家之一。他年少时因家贫失学，凭着勤奋自学，成为享誉中外的杰出数学家。他是中国解析数论、典型群、矩阵几何等多方面研究的创始人和开拓者。他不但培养了一大批数学人才，还开拓了中国应用数学研究。他的"优选法"和"统筹法"在国内得到了普遍推广和应用，他为"四化"建设做出了重大贡献。国际上以他的名字命名的数学科研成果有"华氏定理""华氏不等式""华—王方法"等。由于杰出的学术成就，他先后被选为中国科学院学部委员（现称院士）、美国国家科学院外籍院士、第三世界科学院院士、德国巴伐利亚科学院院士等。

华罗庚的一生就是一本大书，值得我们永远学习。
　　　　　　　　　　——中国科学院院士、数学家　王元

他的研究范围之广，堪称世界上名列前茅的数学家之一。受到他直接影响的人也许比受历史上任何数学家直接影响的人都多。
　　　　　　　　　　——数学家　劳埃尔·熊飞儿德

华罗庚是中国的爱因斯坦，足够成为全世界所有著名科学院的院士。

——美国数学史家　贝特曼

宇宙之大，粒子之微，火箭之速，化工之巧，地球之变，生物之谜，日用之繁，无处不用到数学。

——华罗庚

研究科学最宝贵的精神之一，是创造的精神，是独立开辟荒原的精神。

——华罗庚

在寻求真理的长征中，唯有学习，不断地学习，勤奋地学习，有创造性地学习，才能越重山，跨峻岭。

——华罗庚

前言

中国因他们而骄傲

这套《科学巨人 中国科学家的榜样故事》系列丛书共10本，由松鹰主编和统稿，邀请国内多位作家参加撰写。主要介绍10位中国的科学家，他们分别是詹天佑、茅以升、李四光、竺可桢、梁思成、林巧稚、华罗庚、钱学森、邓稼先、袁隆平。

詹天佑是中国杰出的爱国工程师，他主持修建了中国自主设计并建造的第一条主干铁路——京张铁路，被誉为"中国铁路之父"；茅以升是中国桥梁事业的先驱，他主持设计并组织修建的中国第一座现代化大型桥梁——钱塘江大桥，成为中国铁路桥梁史上的一座里程碑；李四光是"中国地质学之父"，他为中国甩掉"贫油"的帽子，为创立地质力学理论做出了重大贡献；竺可桢是中国近代地理学和气象学的奠基者、中国物候学的创始人；梁思成是中国著名建筑学家、古建筑保护的标志性人物；林巧稚是中国妇产科学的奠基人之一、北京协和医院第一位中国籍妇产科主任,也是首届中国科学院唯一的女学部委员(现称院士);华罗庚是国际数学大师,被誉为"中国现代数学之父";钱学森是"中国航天之父",由于他的卓越贡献,中国的航天事业向前推进了至少20年;邓稼先是"两弹一星"功勋科学家,为中国核武器的研发做出了杰出的贡献;袁隆平是"杂交水稻之父",他为中国乃至世界粮食安全做出了巨大贡献。

这10位中国科学家，是中国科技事业的先驱者，是中国多个科技领域的旗手。他们为中国近现代科技的发展做出了巨大贡献，在世界范围内也享有盛誉。他们为伟大的祖国争了光，不愧是中国的骄傲！

　　这10位科学家的身上有许多宝贵的东西，值得我们学习。一是爱国主义情怀。詹天佑幼年留学美国，回国后用学到的工程技术，投身于中国初期的铁路事业。在詹天佑之前，中国只有几条铁路，而且都是外国工程师主持修建的。詹天佑是第一位在中国成功主持修建铁路干线的中国工程师，在铁路工程技术领域打破了外国人的垄断。茅以升、李四光、竺可桢、梁思成、华罗庚和钱学森这些科学家，早年也都曾出国留学，并且

事业有成。他们毅然放弃国外优厚的待遇,有的还克服重重阻挠,回到祖国的怀抱,用所学报效国家和人民,为中国科技的发展做出了开创性的贡献。茅以升在20世纪30年代主持设计并组织修建了中国第一座现代化大型桥梁——钱塘江大桥,为中国桥梁事业做出了突出的贡献。邓稼先是美国普渡大学的博士,1950年,他毅然回国,投身于我国核武器的研制,为祖国的强盛做出了不可磨灭的贡献。

二是勇攀高峰的创新精神。华罗庚只有初中文凭,但是他自学完成了高中和大学低年级的全部数学课程,20岁时就以一篇论文轰动数学界。他不迷信权威,勇攀世界数学高峰,在多复变函数论、矩阵几何学等方面的成就卓越,被公认为国际数学大师。袁隆平是中国杂交水稻事业的开创者,是当代"神农"。几十年来,他始终在农业科研第一线辛勤耕耘、不懈探索,运用科技手段为人类战胜饥饿带来绿色的希望和金色的收获。李四光在科学研究上独立思考,不迷信外国权威,创立了地质力学理论,为中国找到了大量的石油资源和稀有矿藏,为中国甩掉"贫油"的帽子做出了重大贡献。他晚年还壮心不已,抱病对地震预报、地热开发等做了大量研究。

三是可贵的奉献精神。邓稼先为了研制中国的核武器,隐姓埋名20多年，但他从不后悔。袁隆平从事杂交水稻研究半个多世纪，呕心沥血，苦苦追求，其卓越成就，不仅为解决中国人民的温饱问题和保障国家的粮食安全做出了贡献，更为世界和平和社会进步树立了丰碑。竺可桢在气象学、气候学、地理学、物候学、自然科学史等方面的造诣很深。他始终从科学的视角，关注着中国的人口、资源、环境问题，是"可持续发展"的先觉先行者。林巧稚不仅医术高明，她的医德、医风、奉献精神更是有口皆碑，她心中始终装着妇女、儿童。林巧稚一生亲自接生了5万多个婴儿，她把每一个婴儿都看作自己的孩子。

　　此外，梁思成为了保护中国古建筑文化遗产不遗余力。作为中国著名建筑学家、古建筑保护的标志性人物、中国建筑学界的一代宗师，他毕生致力于中国古建筑的研究和中国的建筑教育事业，为祖国培养了大批建筑人才。美国学者费正清称赞梁思成、林徽因夫妇说："无论疾病还是艰难的生活都无损于他们对自己的开创性研究工作的热情。就是在战时，梁思成依旧用英文写成了《图像中国建筑史》。在我们的心目中，他们是不畏困难、献身科学的崇高典范。"

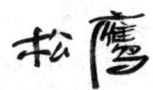

华罗庚生平简历
1910—1985

1910
11月12日,出生于江苏省常州市金坛县(今常州市金坛区)。

1924
初中毕业,进入上海中华职业学校读商科。

1926
辍学回金坛。一边照顾店铺一边自学《大代数》《解析几何》《微积分》等。

1929
秋,担任金坛县立初级中学庶务员兼会计。冬至次年夏,身患伤寒,左腿残疾。

1930
华罗庚的论文《苏家驹之代数的五次方程式解法不能成立之理由》受到清华大学熊庆来等数学家的赞赏。

1931
8月,经清华大学算学系主任熊庆来教授推荐,破格进入该系任图书馆助理员并旁听进修。

1936

由清华大学推荐,以访问学者的身份赴英国剑桥大学留学。

1938—1945

在西南联合大学任教和从事科研,期间完成多项研究和论著写作。

1946

2月到5月,应苏联对外文化协会的邀请,访苏3个月。

1946—1949

应美国普林斯顿大学高等数学研究所邀请前往美国讲学。

1950

春,率全家回国。回国后任清华大学教授。

1952

被任命为中国科学院数学研究所所长。

1965

研究工作的重心从理论数学转到优选法、统筹法的普及应用方面。

1985

6月12日,在东京大学做学术报告时,因心脏病突发,在东京大学医院逝世。

Contents 目录

序
前言
华罗庚生平简历

引言 ·· 1

第一章 自学之路
桥畔人家的喜讯 ·· 3
良师引路 ·· 7
痴迷数学的小店员 ·· 14
"天书"真没白念 ·· 21

第二章 千里马与伯乐
没有学历的中学教员 ·· 24
从金坛到清华 ·· 33
伯乐慧眼识良驹 ·· 37
感念"伯乐" ·· 44

第三章 归去来兮
在大后方的岁月 ·· 48
访苏三月 ·· 54
到大洋彼岸讲学 ·· 59
归国途中的公开信 ·· 66

第四章 新中国数学的拓荒人
他对中国的数学十分重要 ·· 72
为新中国数学科学拓荒 ·· 76
他拭掉了明珠上的灰尘 ·· 84

第五章 为百万人的数学
把数学用在生产上 …………………………………………… 91
巨大的效益 …………………………………………………… 99
带着氧气袋上课 ……………………………………………… 102

第六章 他是中国的,也是世界的
弄斧到班门 …………………………………………………… 107
老同志,新党员 ……………………………………………… 112
死生甘愿同依 ………………………………………………… 116
再访美国 ……………………………………………………… 123

第七章 母校与恩师
难舍母校 ……………………………………………………… 129
不忘恩师 ……………………………………………………… 136

第八章 溘然长逝的前前后后
与生命抢时间 ………………………………………………… 139
告别祖国 ……………………………………………………… 145
在日本的十日 ………………………………………………… 149
生命的最后一天 ……………………………………………… 153
永远怀念"一代宗师" ………………………………………… 158

引言

1950年春天,享誉世界的数学家华罗庚携妻子儿女,从美国绕道欧洲,经过印度洋归来。当时,"华罗庚"这个名字在一本又一本数学专著中以"华氏算子""华氏不等式""华氏定理"等称谓出现,他的名字已经载入了国际著名科学家名册。

在回国途中,华罗庚发表了一篇情真意切的《致中国全体留美学生的公开信》。在这封公开信的最后，华罗庚这样写道：

  朋友们！"梁园虽好，非久居之乡"，归去来兮！
  但也许有朋友说："我年纪还轻，不妨在此稍待。"但我说："这也不必。"朋友们，我们都在有为之年，如果我们迟早要回去，何不早回去，把我们的精力都用之于有用之所呢？
  总之，为了抉择真理，我们应当回去；为了国家民族，我们应当回去；为了为人民服务，我们也应当回去；就是为了个人出路，也应当早日回去，建立我们工作的基础，为我们伟大祖国的建设和发展而奋斗！

华罗庚怀着一颗赤诚的爱国之心，为祖国的数学科学拓荒，以科学家的博大胸怀提携后辈、培养人才，并以高度的历史责任感投身于科普和应用数学的推广，为中国数学科学事业的发展做出了卓越贡献，为祖国现代化建设付出了毕生精力。

  本书要向青少年读者展示的，就是华罗庚传奇的一生……

第一章 | 自学之路

桥畔人家的喜讯

在我国美丽的太湖西北,坐落着一座名为金坛县(今江苏省常州市金坛区)的小县城。小城里有座石拱桥,名叫清河桥,又名大桥。华罗庚的父亲华瑞栋(号祥发,人称"华老祥")在清河桥东边开了一家独间门面的小杂货店。小店冬天卖棉花,夏天代收蚕茧,平时兼卖针头线脑、香烟、火柴等日用杂货。小本经营,勉强能维持一家人的生计。华老祥个子不高,留着胡子,俨然一位忠厚长者。他为人耿直,善于言谈,十分慈祥。他原本是丹阳县(今江苏省丹阳市)人,年轻的时候,曾经营过一家丝绸店,后来店面不幸失了火,家产付之一炬。他从废墟中站起来,收拾了残存的家当,之后来到金坛县城,在清河桥边开了这家名叫"乾生泰"的小店,一家人安顿下来。

金坛这地方不算大,名气却不小,出过段玉裁这样的训诂学家,也出过王维克那样的著名翻译家。当时那里的人们还不知道,一位数学奇才将为金坛的历史增添新的光辉。

在金坛县城中间,一条大河穿城而过,它就是丹金漕河。清河桥便是丹金漕河上的一座桥。过去,每到下雪结冰时,行人常常会一不小心从桥上滑跌到河里。新中国成立后,县政府拓宽了河道，拆掉了老桥，新修了较宽的平桥。华罗庚家的老屋当然也因此被拆掉了。现在如果去寻觅这位大数学家童年待过的老屋，唯有望桥遐思，对着滔滔的河水和顺流而下的木船，想象当年老屋中人们生活的情景了。

华老祥膝下本来只有一女，在他年近40岁时，妻子又有了身孕。1910年11月12日，挑着箩筐正在黑夜里赶路的华老祥，想到妻子就要分娩，便情不自禁地加快了脚步，三步并作两步地往家赶。在家门外，他听见了婴儿响亮的啼哭声。

"恭喜你呀，生了个儿子！"接生婆笑嘻嘻地对他说。

"我有儿子啦！"华老祥所有的劳累顿时烟消云散，他喜悦得只有这个念头了。

"给孩子起个名字吧！"接生婆提醒他。

华老祥听了接生婆的话，嘿嘿笑着进了门。他顺手取下箩筐，把儿子轻轻地往里一放，接着又在上面扣上了一个箩筐。随后，他喃喃地说："进箩筐避邪，同庚百岁，就叫罗庚吧！"

华罗庚的诞生给全家带来了欢乐。小时候，他很顽皮，终日在父亲的小店里嬉闹。年纪稍长，他便兴冲冲地跑去观看金坛的灯节、船会。他还很爱看社戏，戏开演了，他在人群里挤来挤去，挤到台前，一看就是半天、半夜。

金坛县城的东门外，有座青龙山。每逢赶庙会的时候，山上庙里的人便扮成"菩萨"，骑着高头大马进城来。一路上，老百姓见了他们纳头便拜，有的求药，有的卜卦。

华罗庚10岁那年，"菩萨"又进城来了，庙会上的人将"菩萨"围得水泄不通。

"'菩萨'真是万能的神吗？"华罗庚在人群里翘首望着不断双手合十、头上扎满了鸡毛的"菩萨"不解地想。

庙会散了，老百姓都各自回家了。

"罗罗呢？"过了很久，街上的人已经很少了，华老祥一家还不见儿子回家，十分焦急，于是大家分头寻找。

"你见到我弟弟了吗？"华罗庚的姐姐华莲青询问站岗的巡警。

"啊？罗呆子？他丢不了，你放心，他会回来的。"巡警很有把握地安慰她。

傍晚时分,华罗庚果然得意扬扬地回来了。

全家人又是焦急又是生气地责问他为什么这么晚才回家,他说:"我到青龙山上的庙里去了。原来'菩萨'都是假的,是人装扮的!"他又说,"妈,你往后不要再给'菩萨'磕头了,'菩萨'是骗人的!"

原来,华罗庚在庙会上见那么多人求"菩萨"保佑,心想:"'菩萨'真有那么大的神通吗?我得看看去。"于是,他一直跟了七八里路,直到亲眼看见"菩萨"卸了装扮,弄清了"菩萨"原来是人装扮的,并不是神。谜团解开了,他这才回了家。因为经常爱专心致志地想问题,小华罗庚被一些人看成"傻子",他们给他起了个绰号叫"罗呆子"。

不久,小华罗庚被送进县城小南门外的仁劬小学读书去了。1922年秋天,在他小学毕业以后,父母又把他送到刚成立的金坛县立初级中学(今江苏省华罗庚中学,期间曾更名为金坛县立中学、金坛中学、金坛县中学)读书。

良师引路

华罗庚刚开始上中学时,由于他很顽皮,字又写得不好,老师都不太喜欢他,尤其是语文老师。但在初中二年级的时候,当时金坛县立初级中学的数学教员王维克却发现这个顽皮的学生有着不一般的数学天分。

王维克原名王兆祥,早年就读于南京河海工程学院(今河海大学前身)。他与革命家张闻天是同班同学,在"五四运动"中,他与张闻天等四位同学因积极宣传反帝反封建思想,被学校开除了学籍。后来,他到大同大学学习数理,毕业后转入复旦公学(今复旦大学前身)专攻法语。1925年,他赴法国留学,在巴黎大学攻读数理与天文专业,成为著名物理学家居里夫人的学生。

作为金坛县立初级中学的第一届学生,华罗庚所在的班总共只有八个学生。王维克教这个班的代数课。他是一位很细心的教师,在教了一两个月的代数以后,他发现这位名叫华罗庚的学生和一般的学生不同。他练习本上的字看上去很不工整,解的题做了许多涂改。在一般人看来这是个很不用功的学生,可王维克仔细研究了华罗庚涂改的地方以后,惊奇地发现那些墨团正反映了华罗庚在演算习题时,是如何渐入佳境的。从那之后,他便更加留心观察起华罗庚来了。

有一天,几个教员在一块儿谈论学生。有人说:"唉,成绩好的学生都到省城念书去了!"

王维克听了,很不以为然地说:"不见得吧!依我看,华罗庚就很不错!"

"华罗庚?就凭他那像蟹爬一样的字,也谈得上不错?"

"当然喽!华罗庚的字写得确实不好,将来成为书法家的可能性很小。可是,他在数学方面却很有天赋,有培养前途。"王维克很肯定地说。接下来,王维克进一步解释了自己的看法。他说:"起初,我和诸位的看法一样,发现他的字写得不怎么样;数学作业本很不整洁,常常乱涂乱改。后来我仔细研究才发现,那些涂改的地方正是他在解题时多方探索的证据。"

王维克讲到这里,下课的铃声响了,顿时,学生们从教室里涌到了操场上。他指着那些正在做各种活动的学生说:"诸位请看,在这一大群孩子之中,有喜欢写字的,还有喜欢画画的、雕刻的、演说的、做玩具的、解数学难题的、下棋的,或是喜欢沉思默想的,这都是各式各样的天才。只要我们做老师的好好启发他们,引导他们,对他们所喜欢的,尽力让他们去做，锲而不舍，再过 10 年、20 年、30 年，他们哪有成不了名家的呢？因此，我奉劝诸位，千万莫把松苗当成蓬蒿！"

王维克不仅发现了少年华罗庚的数学天分，而且精心地栽培他。他自己博学多才，不仅精通数学，而且精通多种外文。意大利著名诗人但丁的名著《神曲》，就是他首先译成中文并介绍到中国来的。他对天文学也颇有兴趣，在自己家里安装了一个小小的天文台。课余时间，他有时翻译文学作品，有时研究天文学。不久，华罗庚就成了他家的常客，或向他借书看，或讨教问题。王维克和他的夫人陈淑，每次见华罗庚来了，都热情地款待、悉心地指点。华罗庚幸遇良师，渐渐地不贪玩了，开始在数学上用起功来。

日复一日，在王维克的帮助和鼓励下，华罗庚钻研数学的兴趣越来越浓。年终考试时，王维克对华罗庚说："你不必考了，因为考你的问题别人做不出，考别人的问题不值得你做。我给你拟一个论文题目，你回家去做吧。你的数学总归是 100 分，总归是第一。"

在王维克的指点下，华罗庚在广阔的数学领域里驰骋着。很快，王维克在课堂上教授的知识已经不能满足华罗庚了，于是，他向王维克提出，希望向更高深的数学领域进军。

 华罗庚

王维克借给他一本微积分教科书，不料，10天以后他就送还了。

王维克有些不高兴，对他说："数学这门功课是最讲究步骤的，你不可跳着看哪。我提几个问题考考你。"他一面翻书一面问，没想到，华罗庚竟对答如流，甚至把书中印误之处也指出来了。王维克听了，不住地点头称是。

一天放学后，华罗庚兴冲冲地来找王维克，交给他一篇自己写的论文。论文是油印的，共有两页，王维克一看，竟与数论中一道世界著名的难题有关，论文题为《福尔玛最后定理之证明》（即法国数学家费马提出的"费马大定理"）。

华罗庚得意扬扬地对王维克说："我已经将论文寄给大学的一些数学老师，请他们批评，亦请王先生批评！"他满以为会得到老师的赞许，想不到却受到了批评。

"福尔玛提出的定理要得到最后的证明，不是一件轻而易举的事情。你演算的这道福尔玛最后定理，是17世纪至今许多大数学家绞尽脑汁也没有解决的问题。要是你那么简单就能证明它了，岂不是奇迹吗？而且，你的证明所依据的公理似是而非，因此不能成立！"

华罗庚听完王维克老师的教导，承认自己错了。

王维克还劝诫华罗庚不要急于求成，也不要灰心失望，要以坚韧不拔的精神解开一个个数学难题。这次倾心长谈，王维克把华罗庚引上了深入攻克数论之路，从此以后，华罗庚便和数论结下了不解之缘。

20世纪20年代中期的中国，社会动荡，民不聊生。华罗庚的父亲华老祥开的小杂货店，仿佛海上的一叶孤舟，在风雨中漂泊不定。平时，小店很冷清，顾客寥寥无几；每年夏天收蚕茧的季节一过，只能做香烟、灯草、针头线脑之类的小生意。

除了维持一家四口的生活外,他还得资助几个侄子、侄女。

"阿爸,我初中毕业后,想考高中继续念书。"有一天,华罗庚放学回家和父亲商量。

华老祥听了摇摇头说:"唉,念了高中就要念大学,我们小门小户的人家,哪里供得起呢?"

"他爸,罗罗想再念几年书,就随他去吧!"母亲在一旁劝说道。

华老祥又何尝不想让儿子继续读书呢?无奈,实在是力不从心哪!

1924年,华罗庚以全班第二名的优秀成绩从金坛县立初级中学毕业了。在这之后,他考入了上海中华职业学校,在校学习期间,他由于采用了自己创造的计算方法而获得上海市珠算比赛第一名。因承担不起生活费,一年多后华罗庚只好离开学校,回家协助父亲料理小杂货店。就这样,华罗庚结束了他的学生生涯。

1927年秋天,华罗庚与吴筱元女士结婚。从此以后,华罗庚结束了独自奋斗的历程,在漫长的岁月里,吴筱元与他同甘共苦,度过了无数的艰难岁月。

华罗庚的好友王时风回忆说:"罗庚同志为了谋得一个银

行实习生之类的职业,在上海中华职业学校读商科,由于家境困难,中途辍学。在这样艰难的岁月中,选择了攻读'天书'的事业。'天书'是指罗庚父亲对数学的称呼。"

王时风还回忆说:"1930年,华罗庚——一个名不见经传的青年,在《科学》杂志(中国科学社创办的杂志)上发表了一篇数学论文,引起了当时清华大学算学系主任熊庆来先生的重视。复由唐培经先生推荐,到算学系担任了助理员。这个时期,他和陈省身、柯召、王竹溪、彭桓武等理学院高年级学生常讨论学问,很快,显耀了一颗新星的亮度。12年之内,他在世界第一流的数学杂志上,发表了十几篇论文。"

辍学后不久,被华罗庚称为"生平遭逢的第一次劫难"就降临了。当时的实际状况又是怎样的呢?

痴迷数学的小店员

华罗庚从上海中华职业学校辍学后回到家乡,父亲对他说:"我老了,不中用啦,往后呢,你就守着这个店吧。不要再胡思乱想地去求什么学了,咱这鸡窝里飞不出金凤凰来!"华老祥不能理解儿子内心的苦闷,劝他安分守己,管好小店。

许多年以后,华罗庚回忆这段经历时说:"那正是我应当受教育的年月,但一个'穷'字剥夺了我的梦想。在西北风口上,擦着清水鼻涕,一双草鞋、一支烟、一把灯草、一根针地为了活命而挣扎。"

每天清晨,他默默地下门板、扫地、擦柜台、摆东西、等人来。一直到太阳落下了山,他又默默地上门板,然后算算卖了多少东西,收了多少钱。一天的账,他用10分钟的时间就能算得清清楚楚了。

在这间小杂货店与这位小店员做伴的,有一本《大代数》和一本《解析几何》,还有一本很薄的50页的《微积分》。为了钟爱的数学,他顽强地开始了自学生涯。

每天,在没有顾客的时候,他就埋头看书和演算。没有笔,他就用废纸包上棉花蘸墨水在柜台上算题、写字。在寒冬时节,算得入迷时，清水鼻涕流下来，他用手一抹一甩，没有甩掉，就一直挂着，鼻涕结成了冰凌他都不知道。

夜幕降临了，他上了门板，算好账，胡乱吃几口饭，又赶紧回到自己那间小木板房里，点上小油灯，继续攻读数学。寒冬腊月，屋顶上积雪盈尺，屋里没有火炉，寒气逼人，他沉浸在苦苦的思索和演算中，手脚冻得冰冷发僵却全然不顾。酷暑季节，屋子里热得像蒸笼，他挥汗如雨，依然每日不懈地读书，不停地演算。除了做买卖，他把所有的空余时间都用来学数学，每天只睡四五个小时。有时刚睡下，脑子里忽然闪现出一道难题的解法，他连忙爬起来，披上衣服点上灯，又算又写，兴奋极了。

当时，金坛还没有图书馆，要借到一本高等数学方面的书很困难。因此，凡是能借到的书，他都如饥似渴地读，并且创造了一套成功的自学方法。有时遇到解不开的题，他吃饭时想，走路时也想，甚至到了废寝忘食的地步。遇到困难时，他总是勉励自己："在人的一生中，进学校读书，有老师指导当然很好，但是那样的时间总是有限的；而不在学校里读书，自学的时间却是经常有的。有书可以查阅，能查到自己需要的东西不是经常的；需要经过自己加工或灵活运用书本上的知识，甚至创造出书本上没有的知识,这倒是比较经常的。成功是不经常的;失败倒是经常的……现在因为穷,我被迫离开了学校,离开了老师和同学,完全自己摸索着学知识,我就必须付出比别人多得多的代价,血和汗的代价,才能学到驾驭知识的本领。"

日复一日,年复一年,华罗庚一面在小店里干活儿,一面顽强地向命运发起挑战。从无数次的失败中和一点一滴的进步中,他渐渐懂得了只要用功就有成功的希望。"独立思考,锲而不舍"成了他的座右铭。

为了能扎实地学到知识,华罗庚总是只看书本上的公式,不看答案,就一遍遍地演算起来。算出结果时,再翻看答案来印证自己的结果。有时,为了加深印象,他白天把书上的公式记在脑子里,夜里躺在床上,再用脑子算,什么时候把题解开了,什么时候就点上灯对答案。他就这样学完了一本再学一本,那些在一般人看来枯燥难懂的数学知识,就这样日积月累地装进了他的头脑里。

后来,他恍然大悟地对旁人说:"获得书本知识的过程,原来是一个'从薄到厚',再'从厚到薄'的过程啊。自己还不懂的时候,觉得一本书写得那么厚,'懂'的过程又加了注释,当然就变更厚了。在'从薄到厚'的时候,还不是自己真懂的时候；只有真正弄懂了以后，在自己脑海里，才感到书本'变薄'了。而且越是懂得透彻，就越有'薄'的感觉。"

就这样，他在5年时间里，自学了高中3年和大学一、二年级的全部数学

课程，为之后从事数学研究打下了坚实的基础。

在专心自学的过程中，华罗庚闹了不少笑话。有一年冬天，腊月二十九的晌午，天空飘着雪花，金坛县城成了一片银白色的世界，四处不时响起噼噼啪啪的爆竹声。一个老乡走进店里，一面抖落身上的雪花，一面问道："一支棉线多少钱？"

"853729！"华罗庚头也不抬地把刚刚在香烟盒纸上演算的结果脱口报出。

"多少钱？"

"853729！"

"一支棉线怎么值这么多钱？"买棉线的老乡诧异地问道。

坐在柜台后面的华老祥听了，赶忙过来招呼，可是那个老乡一气之下竟扭头走了。华老祥顿时火冒三丈，他从儿子手里一把夺过书来，直到这时，华罗庚才从数学世界里清醒过来。

"不好好招呼顾客，整天看'天书'有啥用？"父亲训斥他。

光阴荏苒，沉醉在数学世界里的华罗庚，仍然没有"迷途知返"。有时候，他正在入迷地解数学题，顾客要买东西，他或者听不见，或者答非所问。顾客要买香烟，他拿来的却是火柴；顾客要买棉花，他竟把灯草拿来了。诸如此类的事情太多了，弄得大家啼笑皆非。

一天,一个顾客来买东西,华罗庚看书正看得入迷,心不在焉地算错了账,多补了那个顾客一块大洋(即银圆,中华民国时期货币的别称)。那个贪心的顾客赶忙把钱收起来,不动声色地扬长而去。

"糟啦!"过了半天,华罗庚算账时才发现少了一块大洋,要知道,一块大洋在当时可不是小钱,他不得不如实禀告父亲。

"怨不得人家都叫你'呆子',你真是个'呆子'!还不快给我追回来!"华老祥听了,又是埋怨,又是责骂,一定要他把那一块大洋追回来。

在父亲的逼迫下,华罗庚心情沮丧地跑出店门,跑了很远,也没有见到那个顾客的踪影。

他这样如醉如痴地钻研数学,时间久了,小店的生意自然大受影响。

"你们家的罗罗,脑子是不是'有毛病'啊?"人们劝华老祥带"精神恍惚"的华罗庚去看看病。

"这都怪那些'天书',这孩子看'天书'看呆了!"华老祥怪罪起华罗庚看的数学书来。因此,他每逢看见儿子看书,便走上去抢夺,夺了就要烧,逼得华罗庚把书东藏西藏。要是看书时不慎被父亲碰上了,父子之间必会发生激烈的口角和抢夺，有时为了"夺书"和"烧书"，俩人几乎把个小小的杂货店闹翻了。

每当华家父子俩发生争执时，邻居们便赶来劝说："罗罗，人生在世，最要紧的问题是吃饭。你应当殷勤地招呼顾客，帮你阿爸多做些生意才对，不要总是死钻书本！"

但华罗庚并不服这个理，他绝不会放弃他的自学。在失学青年华罗庚的心中，不甘沉沦的进取精神压倒了一切。他虽然再无缘进学校读书，但他要自强不息地寻求知识，赶上甚至超过在校学生。

许多年以后，华罗庚成了举世闻名的数学大师，一本外国数学杂志刊登了一幅漫画，画的是华罗庚父亲手持一根烧火棍，威胁儿子要把数学书烧掉。而华罗庚却把书死死地抱在胸前躲藏着。这幅漫画真实、生动地反映了华罗庚自学时面临的困境。

"天书"真没白念

不久后发生的一件事,使华老祥终于认识到了儿子读"天书"的价值。

一年秋天,华罗庚跟随父亲到金坛茧场帮人盘点蚕茧。他们来到茧场的院子里,只见白花花的蚕茧堆积如山。父亲掌秤,他监秤,父子俩干了整整一个白天又加上大半夜。干完了活,华罗庚又累又困,靠在柜子旁睡着了。睡梦之中,他突然被一阵嘈杂的声音吵醒了。他睁眼一看,地上黑压压地跪着很多人,这些人一面口中念念有词,一面慌乱地敲着算盘。

"阿爸,出什么事啦?"

"唉,两本账对不上,差上千块钱呢!"华老祥哭丧着脸说。

"大家先吃饭去吧,填饱了肚子再算!"待老板把伙计们打发走后,华罗庚给老板说了一声,然后拿过账本,抓过算盘,噼里啪啦地算了起来。等伙计们吃罢晚饭进屋,他已经合上了账本。

"账货对了,一文不差。"他说。

伙计们再算后才发现,果然不差分毫。

老板和伙计们喜笑颜开地说:"'罗呆子'真是个活算盘

哪！往后再碰到这类事，还得找你！"

在一旁观看的华老祥听了老板的话，高兴地想："原来这个'没嘴的葫芦'还有这么两下子，那些'天书'真没白念哪！"从这以后，他再也不烧儿子的"天书"了。

自学是艰难的，而华罗庚以惊人的毅力坚持着，以至于不断做出惊动街坊四邻的事情。

一天,一位喜欢研究中国古代数学的街坊走进了小店,他掏出一盒火柴往柜台上一放,说:"远近都说你是神算子,我来考考你!"

那人一面摆火柴,一面说:"这一盒火柴,三三数之余二,五五数之余三,七七数之余二。我凭借这个就能知道火柴的总数是多少,你行吗?"

华罗庚瞧着那人满脸得意的样子,慢条斯理地回答说:"总共有23根火柴!"

"啊——"那人惊呆了。过了片刻,他问道:"你是怎么知道的?"

"三三数之余二,七七数之余二,余数都是二。因此我想:这道题的公式可能是:3乘7加2等于23,用5除之恰余3。所以23就是所求之数了。"华罗庚说。

"噢,你看过《孙子算经》?"

"没有,我是用自己的'直接法'算的。"

"呀,这是《孙子算经》上有名的'剩余定理',你和孙子真是英雄所见略同啊。佩服!佩服!"说完那人收起火柴,连声赞叹着走了。

第二章 | 千里马与伯乐
没有学历的中学教员

1928年，王维克赴法留学归来后，在上海中国公学任教授。1929年，王维克应邀担任金坛县立初级中学校长。

王维克见华罗庚长高了，比过去更懂事了，热情地留他吃饭，问长问短。他问华罗庚："我走后，你还在进修数学吗？"

华罗庚告诉老师他一直在家中自学，已经学完了高等数学和方程式论。

"噢，不要灰心，有机会我可以介绍你做数学教员。这样，你可以收到教学相长之益。"王维克安慰他说。

王维克邀请华罗庚到金坛县立初级中学任庶务员兼会计。华罗庚喜出望外，到职后，他工作兢兢业业，就连教员们用的铅笔，他都一根根削好了再送过去，把各种杂务打理得井井有条。每天晚上，师生们都回家了，他一个教室一个教室地查看：黑板擦干净没有？粉笔盒满不满？门窗关严了没有？等全校都熄灯以后，他才下班。学期末，全校几百名学生的成绩单交到他的办公桌上，他按要求进行统计，算得又快又准确。

与此同时，他仍然没有放弃自学数学。下班后，回到小杂货店里，他帮家人清点完账目后，就又投入到读书和演算中，直到深夜。

王维克对华罗庚的工作很满意,但他并不打算只让华罗庚做一个优秀的职员,他准备开一个补习班让他去教书。不料,教员名单报到县教育局时,竟被打回来了。原因是局长审查名单时,发现华罗庚仅是一个初中毕业生,没有大学学历。

王维克对这件事很恼火,亲自跑到教育局找局长申辩。他极力推荐说:"华罗庚是个难得的人才,他对数学很有研究,有论文发表在《科学》杂志上!"

"那不算资格!"

"不算资格?"

"既然你看他是个人才,那你出钱送他上大学嘛!"

"没有资格——但,教员我还是要请他做的!"王维克私下拿定主意。

虽然教育局局长激烈反对,华罗庚还是当上了金坛县立初级中学的数学教员。

不久,又一场劫难降临在华罗庚的头上。

那年,金坛县城伤寒病蔓延。腊月的某一天,下课回家后,华罗庚忽然觉得浑身发酸发冷,妻子吴筱元给他量体温后,发现他在发高烧。

当时，金坛县城没有好的医生，家里人就到苏州去请。请一趟医生要花四块大洋，为了救他，家里凡是值点儿钱的东西全被送进了当铺。他时而清醒，时而昏迷，恍惚中听到亲人们绝望的叹息声："他才19岁，就要和苦难的人生告别了。"

"罗庚好些了吗？"他似乎听到王维克在说话。他挣扎着想答话，却无力讲出声来。

"啊——王先生，您别靠近他。他得的是伤寒，医生说会传染的！"吴筱元赶忙迎上来说。

王维克关切地望着华罗庚苍白的脸，安慰吴筱元说："不怕，你让他安心养病吧，月薪我照样派人送来，他教的课我代他上！"

由于不时地来看望华罗庚，不久，王维克自己也染上伤寒，卧床不起了。

华罗庚在床上整整躺了半年。一天，他左手的小指头忽然肿起来了，后来他又嚷着左臂疼，接着是左半边身子疼，左腿疼，疼得不能动。他一天天地躺着，疼痛渐渐消失了。吴筱元一看，原来他喊疼的地方都腐烂了，慢慢地，伤口愈合结了疤痕，华罗庚的伤寒竟渐渐好了起来，而左腿却落下了残疾。

大凡在小地方，讲一个人的事，往往说得神乎其神。人们说，华罗庚生了一场伤寒，浑身的骨头都给重新换了，他再也不是从前的那个"罗呆子"了。一碗饭放在他的面前，他只要用眼一瞟，马上就能算出碗里有多少粒米。这个传言说明，家乡的人们对华罗庚是多么地钦佩和热爱。

病刚好些，华罗庚关心的第一件事是寄给《科学》杂志的论文的结果。

"筱元，上海有信来吗？"他问妻子。

"没有呀。"吴筱元说。

在华罗庚生病之前，他从一位朋友那里借到了《学艺》杂志第7卷第10号，上面刊登了苏家驹教授的一篇论文，论文的题目是《代数的五次方程式之解法》。华罗庚读后发现他的解法有问题，于是给《学艺》杂志社写信指出错误，《学艺》于1929年登出简短声明指出苏家驹教授论文的错误。华罗庚准备写文章指出苏家驹教授论文的错误，但又考虑到苏家驹是位大名鼎鼎的教授，而自己却是个无名小卒，于是他请教王维克："王老师，我能不能写文章指出苏教授的错误呢？"

"当然可以。就算是圣人，也会有错误！"王维克说。于是，华罗庚写了《苏家驹之代数的五次方程式解法不能成立之理由》。他送给王维克看过以后，便邮寄给了他时常投稿的《科学》杂志。在这之后,他就病了。

冬去春来,在死亡线上挣扎了半年多的华罗庚,被妻子搀扶着起床下地走动。不料,两条腿刚一着地,华罗庚就扑通一声摔在了地上。

"啊——我的腿,我的腿坏了!"他绝望地嚷道。原来,伤寒病菌侵袭了他的关节,他的左腿关节粘连变形,弯曲了,他年纪轻轻竟留下了终身残疾。

在当时,像华罗庚家这样的贫寒家庭,没人生病时还可以勉强维持生活,一旦有人生大病就更穷了,几乎无隔夜之米。因此,华罗庚伤寒病愈后,不顾腿瘸,想到的第一件事就是赶紧谋生,养家糊口。

在一个阴雨绵绵的日子,病愈后的华罗庚一手撑着雨伞,另一手拄着拐杖,走在茫茫的雨雾中。他左脚先画一个圆圈,再用右脚向前迈一步(用他自我解嘲的话说,这叫"圆和切线的运动"),一瘸一拐地出现在金坛的街头。

"呀,这就是华家的孩子,年纪轻轻的,就变成了这个样子,往后的日子可怎么过呀!"

在凄风冷雨中步履艰难的华罗庚,猛然听见街坊邻居的议论,心里一酸,哭了。

冷静下来之后,他心想:"是呀,我还这么年轻,这漫长的人生之路可怎么走呢?"

庆幸的是,王维克仍然让他在学校做会计,并在补习班教书。但很快有人告了王维克一状,说他任用不合格的教员华罗庚。以王维克的才能,做中学校长已经自感有些屈就,一听这话,便愤然辞职离开了金坛,到湖南大学教书去了。在当时,学校的会计通常是跟着校长走的,照理,校长辞职了,会计也要被辞退。幸好,继任校长(曾经也是首任校长)韩大受对华罗庚也很好,他才得以留下来继续做学校的会计,不至于断了生计。

　　韩大受出身于贫苦的读书人家，家里种了几亩田。14岁时，他到上海就读于健行公学，这是他第一次走上学习西学之路，不久，因家贫辍学。年少时的经历使他憎恨为富不仁的人。辛亥革命爆发时，他集合了家乡志士，在金坛响应革命。辛亥革命以后，有识之士竞相办学，这时韩大受任金坛县民科署教育科长兼县视学，他将薪水积攒起来办了一个女子学校。后来，他去无锡任教员，这期间著有《训诂学概要》。1922年，他任金坛县立初级中学首任校长。

　　韩大受是金坛县中学教育事业的奠基人。他当年创办金坛县立初级中学时条件十分艰苦，他卖掉了家里的田产，并捐出了自己的全部薪金来办学。他有宽阔的胸怀和求贤若渴的精神，对有真才实学的华罗庚一直很器重。华罗庚终生都很感谢韩大受校长。

　　韩大受上任以后，对华罗庚说："别人要带会计来，我不带，你就继续干吧。不过，书是万万不能再教了，因为前任校长就是让你任课才被人告的。"

　　有了工作，生活也就有了着落，业余时间里华罗庚依然继续钻研数学。他说："我要用健全的头脑，代替不健全的腿。"

1930年的一天，邮差送来一个邮件，华罗庚打开一看，正是他盼望已久的刚刚出版的《科学》杂志第15卷第2期，他急忙翻开，自己投寄的论文《苏家驹之代数的五次方程式解法不能成立之理由》赫然入目，看着看着，他不禁流下了热泪。

苏家驹教授的《代数的五次方程式之解法》发表之后，引起了一些人的震惊。有少数数学水平较高的人，很快就发现了其中的破绽，熊庆来教授就是其中之一。由于工作繁忙和其他方面的考虑，熊庆来无意直接写文章对其进行辩驳，但又有"骨鲠在喉，不吐不快"之感。正在这时，他在《科学》杂志第15卷第2期上读到了华罗庚的那篇文章，觉得华罗庚的文章简明扼要地说出了他自己想说的话："五次方程式经Abel，Galois之证明后，一般算学者均认为不可以代数解矣。而《学艺》7卷10号载有苏君之《代数的五次方程式之解法》一文。罗欣读之而研究之，于去年冬亦仿得'代数的六次方程式之解法'矣。罗对此欣喜异常，意为果能成立，则于算学史中亦可占一席地也。惟自思若不将Abel言论驳倒，终不能完全此种理论，故罗沉思于Abel之论中，凡一阅月。见其条例精严，无懈可击，后经本社编辑员之暗示，遂从事于苏君解法确否之工作，于六月中遂得其不能成立之理由，罗安敢自秘，特公之于世，尚祈示正焉。"

华罗庚这篇文章总共不到 3 页，言简意赅，把问题说得清清楚楚，尤其是那几句谦逊的前言，深得熊庆来的赏识。

在这之前，华罗庚就已经在《科学》等杂志上发表过文章。当时的《科学》编辑部编译员柳大纲说，至少在 1929 年 12 月出版的《科学》杂志上，就曾发表过华罗庚的《Sturm 氏定理之研究》，因文中所谈不是重大的问题，因而未能引起学术界的重视。专家们认为，华罗庚的这篇《苏家驹之代数的五次方程式解法不能成立之理由》，是他在数学研究道路上的一个非常重要的里程碑。

从金坛到清华

关于华罗庚当年从金坛到北平（今北京）进入清华大学的经过，黄延复这样回忆道："如果把他（华罗庚）比作一匹驰远鸣高的千里马，那他开始驰骋的第一步是从清华园迈出的。"

他说："作为一匹千里马，他确曾有过一段'食不饱，力不足''祗辱于奴隶人之手'，而且几乎'骈死于槽枥之间'的处境。而以数学系主任熊庆来教授为代表，清华大学正是从这种处境中发现他的……可贵的是，熊庆来教授生前亲口谈过这段往事。"

在20世纪60年代初期，清华大学为了编写校史，曾就人才培养问题专门访问过熊庆来教授，当问到他对华罗庚的培养时，熊庆来教授说："我聘他为本系图书馆助理员。……华初来时英文也不好，我们让他进修大学课程。华出国是我在中英庚款委员会做审查委员时推荐的，送他到英国剑桥大学去深造。当时，他在校时很受阿达马和维纳的器重，阿达马叫他看维诺格拉多夫的数论。当时维纳年轻热情，华留英时，他很热心地把华介绍给哈代。哈代当时是剑桥大学的数学首席教授（从事分析与数论研究）。"据熊庆来教授回忆，维纳在向哈代介绍华罗庚的信里说:"华是中国的拉马努金。"拉马努金是印度的天才数学家,据说哈代去印度游历时,在一家小纸烟铺前见到这个在烟纸上演算数学题的人,发现他很有天才,便把他带到英国去培养。两年以后,他就成为了博士,成为英国皇家学会的会员。由于和拉马努金相似的经历和颇高的天分,华罗庚深得哈代重视。

在华罗庚辞世以后,美国纽约的《美洲华侨日报》发表了题为《华罗庚是青年的楷模》的社论,社论中写道:"(华罗庚)初中毕业即因家庭清寒无法续学,当时在一家小杂货店中做小伙计。一九三〇年,华氏年二十,在业余自修中发现当时一位名教授关于一个代数问题运算的错误,就写了一篇短文投稿于当时上海出版的《科学》月刊发表。事为清华大学数学系主任熊庆来所重视。熊当时就查问这位华君是位留学生?抑或哪个大学的教授?谁也没料到他竟是一名失学就业'烟纸店'里的无名小店员。"

社论还说:"我们纵观华氏的一生,从一位清寒好学的失学青年,以其杰出的天才,好学不倦,攀登学术界的高峰,已是世所罕见;更难能可贵的是,每当国家兴亡的重要关头,华氏都赴义恐后,其'利''义'之分,跟他的学术与人格结合

在一起，更令人敬仰。及至最后应邀赴日本讲学，明知近年体弱多病，但精诚所至，公而忘私，将其饱学经纶，毫无保留地传授世人。这也正符合了他'青山处处埋忠骨，何须马革裹尸还'的壮志。一代宗师行谊，真是万世典范。"

这份在美洲华侨中有广泛影响的报纸发表的社论，在追述了华罗庚的生平后，指出了两个值得深思的问题："一，华氏年轻时虽天才横溢，但若无熊庆来主任的赏识，则恐亦将埋没在工商业，使他没有机会在学术上大放异彩。'世有伯乐，然后有千里马；千里马常有，而伯乐不常有'。……其次，青年华氏能有机会投稿于《科学》杂志，亦可见30年代出版事业的蓬勃。也唯有在言论开放、能容纳不同意见发表的地方，才能使有才能的人有机会发挥。"

那么，华罗庚究竟是怎样从故乡金坛的一家小小的杂货店，奇迹般地进入中国著名学府清华大学的呢？

伯乐慧眼识良驹

我国著名数学家熊庆来（字迪之）原籍云南弥勒，早年毕业于云南方言学堂和云南英法文专修科，后来以第三名的成绩被云南省派为留学生，赴比利时学习。1914年，第一次世界大战爆发，熊庆来经荷兰、英国前往法国。到巴黎以后，他进入圣路易中学数学专修班，而后又在法国几所大学学习，并取得高等数学分析、普通物理学等分科证书，获得硕士学位。

熊庆来于1921年回国后，先后在云南工业学校、云南路政学校任教员，后任东南大学算学系教授兼系主任。1932年，熊庆来代表中国出席在瑞士苏黎世举行的国际数学家大会，会后在巴黎从事研究工作。1933年，商务印书馆出版了他的著作《高等数学分析》，并将其列为大学丛书之一。1934年，他获得法国国家博士学位；同年回国后，任清华大学算学系教授兼系主任。1937年任云南大学校长。

熊庆来致力于中国数学人才的培养工作，他诲人不倦的精神给人们留下了深刻印象。当时，中国还没有专门的数学教材，他就自己动手编讲义。他说："我生平最大的乐趣就是培养年轻人！"

对于那些不可多得的优秀学生，他更是舍得花工夫。严济慈、钱三强、赵九章、赵忠尧等许多著名的科学家，都曾在他的教导下，接受过严格的数学基础训练。

熊庆来回国以后，对中国当时的落后状况深感焦虑，他加入了由一些从科学技术发达的国家归来的留学生自发组织成立的中国科学社。《科学》杂志是中国科学社的刊物，中国近代分析化学学科的开创人王琎曾担任这个刊物的主编，其学生柳大纲曾任编译员。他们以发现人才、追求真理为宗旨，仔细、慎重地处理每一篇来稿，凡是他们认为重要的稿件，都推荐给有关学科的权威人士审阅。

华罗庚在艰苦的自学生涯中写了许多篇论文寄给《科学》杂志，这些论文引起了王琎师生二人很大的兴趣。1930年的一天，他们又收到了华罗庚的一篇论文，题目是《苏家驹之代数的五次方程式解法不能成立之理由》。

当时的清华大学算学系教授杨武之（著名美籍物理学家、诺贝尔奖获得者杨振宁的父亲）首先读到了华罗庚的这篇论文，他随即把它推荐给了算学系的负责人熊庆来。

后来，熊庆来找到了清华大学算学系的江苏金坛籍教员唐培经。在征得校方同意以后，熊庆来向唐培经表示，希望聘请华罗庚担任清华大学图书馆助理员，同时可以让他旁听进修。

1931年暑假来临，唐培经回到故乡金坛。他虽然从未和华罗庚谋过面，但很为自己有这么一位能引起数学大师熊庆来重视的小同乡而喜不自禁。回到金坛后，他不顾旅途的劳累，便急忙来到华罗庚家，向他转达了熊庆来教授的盛意。

正在贫病交加的困境中苦苦挣扎的华罗庚，突然听到这个天大的喜讯，不禁热泪盈眶。可是，大病初愈的华罗庚家徒四壁，一时间竟凑不出从金坛到北平的路费。华老祥听说儿子有了出头之日，便求亲告友借了一笔路费，把儿子送出了家门。这年，华罗庚只有21岁。

那天，华罗庚携带简单的行李，一瘸一拐地走进了清华大学。熊庆来热情地接待了他。熊庆来发现，站在自己面前的这位身体瘦弱、面带菜色、患有严重腿疾的年轻人，在谈话中才思敏捷、对答如流。事后，他回忆初次见面的情景时，赞叹华罗庚是"一匹典型的千里驹"！

在这之后，熊庆来遇到的第一个难题是：给华罗庚定什么职称？最好是给他一个助教的头衔。因为在清华大学，如果能做一名助教，实际上就是一名在职的研究生，对于进一步深造是十分有利的。

可是，在当时非常看重学历的清华大学，给华罗庚助教头衔是根本不可能的。以他的学历（初中毕业），在金坛小县城的中学做个初中教员尚且名不正、言不顺，被人非议，更何况是让他做清华大学的助教！因此熊庆来经过再三考虑，只能安排他先做系里的图书馆助理员。能做到这一步也并不容易，在当时，通常一个大学毕业生初到图书馆也只能是这个职位，一个初中毕业生通常只能得到"见习生"之类的职位。

但是，这些对于华罗庚来说都并不重要，重要的是他已经跨进了著名学府的大门。在这里，除了做好本职工作外，他可以旁听大学的课程，还可以自由地进入图书馆看书……

当时，华罗庚以极大的毅力面对所有的困难。每天，他拖着一条病腿，整理图书资料、收发文件、代领文具、绘制图表，等等。业余时间，他就去旁听算学系的课程。

在数学课方面，熊庆来本来安排他去听解析几何课。后来，华罗庚对人说："当时，解析几何对我来说太浅近了，即便是熊先生的分析班我也可以听懂。不过，当时因为初到学校，新的环境，新的人事，有些话是不便直说的。"

熊庆来毕竟有伯乐的胸怀，他很快就纠正了自己的做法，让华罗庚修完了解析几何课，允许他到自己的分析班上去听课了。

在清华的日子，业余时间，华罗庚便在图书馆如饥似渴地阅读中外数学书籍。到他前去英国剑桥大学留学时，清华大学图书馆里几乎所有数学方面的藏书都被他读过了。

熊庆来在回忆中提到的阿达马和维纳，都是当时清华大学算学系聘请的外籍教授。阿达马是法国人，熊庆来称他是"国际数学界数一数二的学者"。他曾任巴黎大学讲师、法兰西学院教授、巴黎综合理工学院教授、巴黎中央工艺学校教授。维纳是美国麻省理工学院的教授，也是一位杰出的数学家，他后来被誉为"现代控制论的创始人"。那时，清华大学算学系人才济济，那段时间在这里做研究生或助教的人，有许多后来都成了一流的大数学家。年轻的华罗庚得到两位国际数学大师的青睐，这足以说明他的才华出众。

自身艰苦卓绝的奋斗，加上郑桐荪、杨武之等人的极力推荐，1933年，华罗庚被清华大学正式接纳为助教。在当年的清华大学，从职工系统调任至教员系统，几乎是不可能的事情。然而，华罗庚以其卓越的表现打破了这个多年的传统。

关于华罗庚这时的状况，他的好友王时风回忆说："继'九·一八'事件之后，北平的学生开展抗日救亡运动，其势如地下火汹涌喷突。当时，他对于清华园内的进步学生，是心识其人的。他曾对我说，你们系里某人某人都是好人。1935年，他也不甘寂寞了，暑假回乡期间，成为一个小小读书会的发起人之一。这年冬，'一二·九运动'爆发。那天黎明时分，罗庚同志也特别起得早。他夹着一本厚厚的数学书，随从游行示威队伍到校门，目送同学逆朔风、踏积雪前进。"

王时风还回忆说："1936年夏，华罗庚回到故乡——江苏金坛……在他的母校——金坛县立初级中学，创办了一所暑期补习学校。他亲自担任校长,向县里许多中学生宣传了北平'一二·九运动',传播了抗日救亡的思想。"

上述回忆说明,华罗庚在当时并不是"两耳不闻窗外事,一心只读数学书"的,他对日本帝国主义的入侵、对国家的命运是十分关注的。

感念"伯乐"

华罗庚在清华大学的四年间，先后在国内外的多家数学杂志上发表了十几篇数论方面的论文，当时，他除了完成本职工作外，每天至少读书10个小时。1936年夏天，由清华大学推荐，中华文化教育基金会保送，华罗庚以"访问学者"的身份到英国剑桥大学留学。

华罗庚到达剑桥时，系主任哈代正在美国访问，他根据维纳的推荐，临行前叮嘱助手说："东方的华某来剑桥，告诉他用两年的时间就可以获得博士学位。"

华罗庚听了以后，不以为然地说："我来剑桥的目的，并不在于用多少时间得到什么头衔，我的愿望是在数论和分析方面，能得到深造的机会。我想先听权威学者关于数论方面的课，再用若干时日听分析方面的课，这样，两个方面的精华我都能取得；然后，研究以'分析'来解释数论，再以数论来阐发'分析'。"华罗庚在英国留学期间，虽并未得到博士学位，但是他出色地解决了一个又一个当时著名的数学难题，例如华林（Waring）问题、塔内（Tarry）问题等。他的论文水平很高，据说，当时能够读懂他的论文的人不多。

周简文在《记华罗庚先生》一文中说:"专攻分析者或专攻数论者都不一定了解。三十年代看得懂华先生论文的人,据说有苏联的科学院院长一个,另外法国有二人,英国有一人,印度有一人。"

1938年,华罗庚结束了在英国剑桥大学的留学生活,迎着战火硝烟,回到抗战的大后方昆明。

华罗庚到达昆明以后,清华大学立刻召开资格审查会,认定通过了他的教授资格。这样,华罗庚又一次打破了清华的传统,在未经讲师、副教授等阶段,没有高级学衔的情况下,做了清华大学的教授。至此,他已经3次打破了清华的制度,迄今为止,尚没有第二个人得此殊荣。

光阴流逝,转眼间到了中华人民共和国诞生之日。华罗庚对熊庆来的感念与日俱增。中华人民共和国诞生以后,熊庆来之所以毅然从海外归来,也是和华罗庚分不开的。

1949年秋天,熊庆来去巴黎参加联合国教科文组织第四次会议,在异国得知他任职的云南大学已经解散,他已无校可归,只能暂留在巴黎,以家庭教师为职。后来,他又不幸中风,半身瘫痪,以残疾之躯只身客居巴黎。这时,华罗庚正在国内致力于创建新中国的数学科学事业,得知熊庆来的不幸遭遇后,多次给他写信，希望他尽快回国。与此同时，华罗庚还以数学研究所的名义，请国务院专家局把熊庆来的夫人和孩子从昆明接到北京。熊庆来知悉这一切之后，激动得泪水涟涟。就这样，他迅速结束了犹豫和徘徊，踏上了归途。

1957年6月8日，吴有训、严济慈、华罗庚亲自到北京西郊机场迎接归来的熊庆来。接到熊庆来后，华罗庚立刻请来医生给他治病。不论工作多忙，华罗庚总是隔几天就亲自登门看望恩师。熊庆来的病稍好以后，华罗庚又请他在自己领导的数学研究所担任研究员。

所有这些，都使熊庆来感动不已。他写信给海外朋友说："（我）以残废之身在巴黎过着清苦的生活。但工作只是为个人生活，久留异国，殊觉无甚意义……科学院数学研究所华罗庚所长与我相知深厚，知我有归意，即密切联系，恳切邀我参加所里的工作……"

在数学分析方面，熊庆来是中国少有的权威，他尤其擅长复变函数论。他一生从事教育工作，晚年仍兢兢业业地为国家培养数学人才。回国以后，他除了做研究工作外，还在北京组织了函数讨论班。为了表彰他的贡献，1962年9月4日，中国科学院在北京政协礼堂隆重集会，庆祝熊庆来教授70岁寿辰和从事教学、科研工作40年。

谁知，4年以后，风云突变，本来就已病痛缠身的熊庆来，病情日益沉重，1969年便在北京与世长辞了。

华罗庚从外地推广优选法回来，得知恩师过世的噩耗，顿时泪流满面。他立即赶到北京郊区的八宝山革命公墓，拄着拐杖，一面哭泣，一面踉踉跄跄地直奔焚化间，给熊庆来教授的遗体深深地鞠了三个躬，才哭着离去。

第三章 | 归去来兮
在大后方的岁月

1938年，华罗庚结束了在英国剑桥大学做访问学者的行程，回到抗日战争的大后方昆明。

后来回忆这段生活时，他写下了这样的诗句：

> 寄旅昆明日，金瓯半缺时。
> 狐虎满街走，鹰鹳扑地飞。[①]

在他回到昆明之前，清华大学就对他从故乡逃出来的家属做了妥善安排。他在一篇文章中这样写道："在昆明城外20里的一个小村庄里，全家人住在两间小厢楼（还没有现在我的办公室大）里，食于斯，寝于斯，读书于斯，做研究于斯。晚上一灯如豆。所谓灯，乃是一个破香烟罐子，放上一个油盏，摘些破棉花做灯芯。为了节省灯油，芯子捻得小小的。晚上牛擦痒，擦得地动山摇，危楼欲倒，猪马同圈，马误踩猪身，发出尖叫，而我则与之同休息。那时，我的身份是清高教授，呜

[①] 选自政协金坛县委员会文史资料研究委员会《金坛文史资料 第3辑 华罗庚教授专辑》，中国人民政治协商会议金坛县委员会文史资料研究委员会编。

呼！清则有之，清者清汤之清，而高则未也，高者，高而不危之高也。"

在西南联大时期的艰苦环境里，华罗庚开展了艰苦卓绝的教学和研究工作。他白天拖着病腿到学校里讲课，晚上回家在小油灯下做研究。他的代表作《堆垒素数论》就是在这样的环境里写成的。后来，他又跨到了矩阵几何的研究领域。大概从这个时期开始，他和陈省身、许宝騄被称为西南联大数学系"三杰"。因为他们三人这一时期的研究成果最为突出。华罗庚于1940年完成了他在解析数论方面的创造性工作（主要是关于素数变数的华林问题的研究，以及变数之素数的方程组的研究）。他在学习并掌握了彼得学派、苏联数学家维诺格拉多夫的研究成果的基础上，把华氏方法扩大地应用到数论各个不同的方面，使之得到了进一步的创造性发展，这一研究成果获得了国内外数学界很高的评价。

华罗庚的《堆垒素数论》曾获得当时教育部颁发的第一届学术审议会自然科学类一等奖。爱因斯坦曾从普林斯顿研究室发来专函，说："你此一发现，为今后数学界开了一个重要源泉。"苏联科学院发专电邀他访问苏联。这期间，周简文先生曾问他："你的数学成就究竟有多大？"他回答说："你我不是同行，说给你听，你也不懂。不过，可以作一个比喻，古代留下未获解决的问题很多，我所能解决的问题约有五六个，但并未百分之百地解决。只是像今天的天气十分清朗，由此推测，明天大概也是晴和的天气，仅此而已。不如苏联科学院数学研究所所长那样，他对古代所留的问题只解决了一个，但是百分之百地解决了。"

作为一名正直的学者，华罗庚很关心国家和民族的命运。他在西南联大时，热心参加了爱国民主运动，掩护革命的进步师生。

在国破家亡的日子里，华罗庚和西南联大教授、爱国诗人闻一多成为挚友。

早在刚进清华园时，华罗庚就读过闻一多的诗《死水》。在诗中，闻一多把当时的中国比作"一沟绝望的死水"，还有他在《心跳》（后改名为《静夜》）中的呼唤："谁稀罕你这墙内尺方的和平！我的世界还有更辽阔的边境。"这些撼人心魄的诗句，都曾在年轻的华罗庚的心中引起过共鸣。

华罗庚在昆明的生活十分艰难，为了躲避日本飞机的轰炸，华罗庚一家只得从城里移居郊区。根据闻一多之子闻立雕回忆，1941年的一次空袭，防空洞洞内外黄土铺天盖地地落下来，

第三章 归去来兮

　　华罗庚大半个身子都被埋在了黄土之下，险些丧命。为了躲避敌机空袭，华罗庚一家人不得不到远村区域再找比较安全的地方居住。当时，闻一多一家住在陈家营，他听说华罗庚一家的遭遇，十分同情，决定让出一间屋子给华家住。

　　陈家营这所房子是个土木结构的二层小楼，楼下基本上是灶房和牲口圈。闻一多一家8口住二楼的一间厢房、两间正房，已是相当拥挤了。但闻一多宁可自己受点儿挤，也定要给华罗庚腾出大一点儿的正房来住，就这样两家人一起住进了正房。

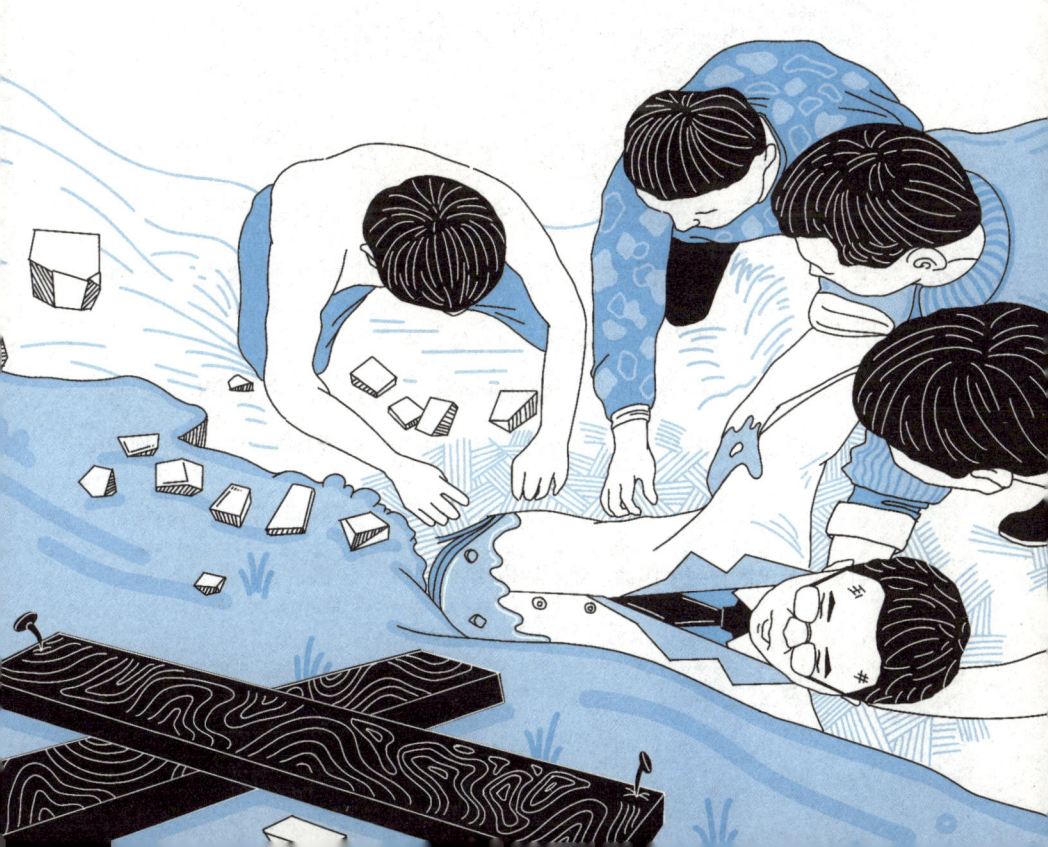

当时正房当中没有隔墙,只好从中挂条床单,把正房一分为二,华罗庚家住里间,闻一多家住外间。后来华罗庚在回忆闻一多的文章中还讲到了这段"隔帘而居"的日子。

在闻一多一家和华罗庚一家隔帘而居的日子里,华罗庚埋头研究数学,闻一多埋头研究"楚瓠",两位教授清贫的生活和认真做学问的作风,给人们留下了深刻的印象。华罗庚曾写过这样一首诗,形容当时的情景:

> 挂布分屋共容膝,岂止两家共坎坷,
> 布东考古布西算,专业不同心同仇。②

在民族危亡的那些日子里,华罗庚目睹了闻一多在颠沛流离的困境中,不向困难低头,尤其是目睹了他在政治上日益觉醒,走出书斋,投身民主运动,在危难面前英勇献身的一言一行。所有这些都使华罗庚感动不已。

1944年,在一次纪念"五四运动"的晚会上,闻一多站出来支持进步青年。在这之后,闻一多对华罗庚谈了自己的变

---

②选自中央文献出版社《中国共产党人物传 第71卷》,王淇、陈志凌主编。

化："有人说，我变得偏激了，甚至说我参加民主运动是因为穷'疯'了。可是，这些年我们亲眼看到国家糟到这步田地！人民生活这样困苦！我们难道这点儿正义感也不该有？我们不支持正义，就是无耻、自私！"

抗战胜利以后，闻一多一家搬到昆明西城的昆华中学居住，华罗庚一家则留在了陈家营。他时常为闻一多担心，劝他小心。"要斗争就会有牺牲，一个人倒下去，千万人会站起来！"闻一多果断地回答道。

不久，闻一多被国民党特务杀害了。当时，华罗庚正在从南京到上海的火车上，他在报纸上看到了闻一多被杀害的消息，悲痛地流下了眼泪。事后，他写了这样一首诗，诉说自己当时的心情：

> 乌云低垂泊清波，红烛光芒射斗牛；
> 宁沪道上闻噩耗，魔掌竟敢杀一多。③

③选自政协金坛县委员会文史资料研究委员会《金坛文史资料 第3辑 华罗庚教授专辑》，中国人民政治协商会议金坛县委员会文史资料研究委员会编。

访苏三月

1946 年初，华罗庚应苏联科学院及苏联对外文化协会的邀请，去苏联访问。

2 月 7 日，华罗庚从昆明乘飞机到重庆，办理了出国手续，然后又返回昆明，告别了在昆明的妻子、儿女及好友。2 月 25 日，他飞往印度加尔各答。

在加尔各答停留期间，不时有印度数学界人士来拜访他，加尔各答大学也邀请他演讲，他因行程匆忙婉言谢绝了。印度算学家皮拉先生来旅馆和他长谈了 8 个小时才离去。皮拉先生是华罗庚的崇拜者，他在一篇文章的开头说："华的定理，在本文中，扮演着最主要的角色。"

这年的 3 月 8 日，华罗庚搭乘一架水上飞机，从加尔各答起飞，同机的印度人向他恭贺说："你们国内现在国共合作了，国家可以走上和平合作的道路；不像我们国家，内部一点都不团结。"言外之意，他们很羡慕华罗庚是个中国人。

华罗庚听了，心想："正因为我是个中国人，对本国的内情知道得比他们清楚。可是，我们这个中国，能够从此和平康乐，天下太平了吗？"他不禁百感交集。

经过了 22 天漫长的旅程，苏联总算近在华罗庚眼前了。

在苏联访问期间，他的眼界大为开阔。

早在 1936 年，华罗庚去英国的时候，就曾在莫斯科逗留过 4 个小时。当时是夏天，这次是莫斯科下雪的季节，他回忆说："在我的回忆中，其他便没有什么两样，丝毫不觉得（莫斯科）有经过战争后的紊乱。希特勒在欧洲横扫了 14 个国家，乘势以百万大军进逼莫斯科，而苏俄人民，英勇卫国，卒至打退希特勒军队，而莫斯科屹立未动，风貌亦然。这个钢铁般的城市，不仅为苏联抗战的基地，亦为苏联人民精神上的台柱。"

在苏联对外文化协会的列文等人陪同下，华罗庚游览了莫斯科的市郊。他们踏着厚厚的积雪，登上一座小山，纵览了莫斯科全景。列文等人指给他看，哪些地方是从前拿破仑军队迫临莫斯科的时候，莫斯科人民焚烧的。华罗庚听了，心想："拿破仑曾经不可一世，却在莫斯科附近吃了这么一个败仗，从皇帝的宝座上直跌下来，从此一蹶不振，而卒至灭亡。历史虽然不会走回头路，但古今侵略者如出一辙，倒是令人深可玩味的。"

回到市区，他又参观了一些机关，人们问他对苏联的哪些方面有兴趣，他说："除了数学外，我想了解苏联的科学研究及高等教育情形。"

访问苏联的三个多月里,华罗庚在所到之处,无不受到热烈的欢迎。有时,数千人到场聆听他的学术报告,可是,他仍然不快乐,忧心忡忡。在"五一"节这天,他去参加红场的大检阅典礼,在亲历了宏伟壮观的场面之后,他说:"'五一'节象征了苏联人民的快乐和幸福的生活。当我们想到苏联人民在经过三年的对德战争之后,又重新过着和平建设的日子,他们这样疯狂地庆祝自己的节日,简直使我们苦难的中国人民无法想象。再过四个月,'双十'节又来了,那个时候,中国的人民是不是也能够如此兴高采烈地狂歌欢舞呢?遥听着祖国内战的炮声,像千百万根针刺击向心上来。啊,祖国!"

在苏联访问期间,华罗庚见到了神交已久的苏联著名数学家维诺格拉多夫。关于这位数学家,华罗庚记述道:"维氏现年55岁,精神抖擞,兴致也很好。他是斯泰克诺夫研究所的所长。他身上佩有两个勋章,一是斯大林勋章,一是劳动英雄章。不是在学术上有特殊贡献的人,是得不到这两种勋章的。据维氏说,全苏获劳动英雄章的共230人,其中有15个科学家。维氏和另一位数学家马斯海奇维里就是这15个科学家中的两位数学家。"

华罗庚还记述道:"我们谈到数学,维氏对我的工作备极赞誉。我的《堆垒素数论》，他们要付印，这书的原稿上有中文，书名也是中文。我说倘使印刷不方便，中文字就不印上去吧！他说，他总极力设法保存原样。我便题了如下的几个字：'谨以此书祝中苏邦交永笃。'"

维诺格拉多夫认为，数学是科学之母，一个国家如果数学不发达，其他都谈不上了。在一次欢迎宴会上，主持人介绍说："华教授是从世界上一个最古老的国家来的。他是一位最年轻的对数学极有贡献的数学家。我们由此可以看到这个古老的国家，其前途充满着无限的朝气和光明。"

随后，华罗庚站起来对这次盛大的招待致谢，他说："维诺格拉多夫教授是世界闻名的数学大师，这次能和他会见，非常荣幸。中国在抗战中，旧有外国科学方面的书志，受到我们的敌人日本帝国主义者之严重摧残；在抗战期中，又不曾能够顺利地收到国外新出的书志，所以中国的科学家在工作方面感到非常不便利。倘使从这个国家（指苏联）能得到任何帮助，那么，在将来的中国科学史上一定有很大的影响。"

维诺格拉多夫在致辞中表示，只要华罗庚和他的朋友有什么需要，他们都愿意尽力满足。

1946年5月，华罗庚离开苏联，回到昆明。回国以后，他撰写了访问记,分四期刊登在 1947 年夏秋出版的《时与文》杂志上。从他的访问记中不难看出,他对当时的苏联是极为仰慕的,盼望有一天,中国的科学家也能像苏联的科学家那样无忧无虑地从事科学研究工作。

到大洋彼岸讲学

1946 年 9 月至 1949 年冬,华罗庚应美国普林斯顿大学高等数学研究所的邀请,访问美国。他在美国期间,曾先后任普林斯顿大学高等数学研究所的研究员、伊利诺伊大学终身教授等职务。

关于华罗庚当时出国前的情形,《东南日报》记者赵浩生曾做了详细的记述。他说:"在牯岭,我见到了闻名世界的中国天才数学家华罗庚先生。从他深度的近视镜片后那表现着科学家天真神采的眼光里,我发现'数学'这个最使人头痛的学术的可爱了。

"他和我们同住在胡金芳饭店,穿一身充派力斯西服,土布衬衣,和打得不很棱正的领带,加上那跛得很厉害的左脚和一副营养不良的面孔。不但旅馆里的茶房不会注意这位不足重视的客人,就是许多新闻同业也把他忽略了。而'华罗庚'确是一个代表着中国光荣的名字。因为有这个名字,我们的国家才没有在国际理论科学界中被人遗忘;因为有这个名字,在一片荒芜的中国理论科学界中,才存有着一点可足欣慰的希望。

"华罗庚先生近应美普林斯顿大学高等数学研究所魏尔教

授之请，将赴美讲学，他就要下山启程出国了。

"对于新闻记者来访，他感觉很拘束，尤其是当另一位同业请他坐到窗前拍照的时候，他的表情简直有些'害羞'了。同业中有一位是清华学生，喊着他'华老师'时，他不断地说：'不要这样太客气地叫我。'不过当我们从聊天开始提到一些科学上的问题时，他都诚恳而不厌其详，像对着他的学生们一样地说着他的意见。"

当赵浩生问到在苏联的见闻时，华罗庚说他发现许多学习实用科学的人最后常常会转入到数学中来，因为许多不能解决的问题只有在数学中才能得到解答。他举例说："莫斯科大学的6000学生中有600人学数学，高加索大学的3000学生也有600人学数学。这可以证明，苏联对实用科学与理论科学是同样重视。"

"中国的学生有许多不愿与数学亲近，是不是教学的方法有问题？"有记者问道。

华罗庚深以为然："有许多朋友曾要求我写一点关于这个问题的文章。我认为，中国的教学方法问题是出在太注重'方法'而忽略了原则。教育一个数学问题，要教他十几种方法，其实只要一种就够了的。有一种了解，别的自然可以想到，用起来最多不过快一二分钟,学起来却不知增加多少麻烦。还有许多先生不愿意改练习,许多题目自己在黑板上演算一遍,让学生照抄了事。另一种毛病是不愿当堂答复学生的问题,这一种态度最坏。"

随后,华罗庚谈了自己的做法:"我教书时,对学生的任何问题总要在课堂上答复,这样可以训练学生如何去'想',真正解决不了的,我会坦白地告诉学生,我要下去继续地想。不要只顾面子,使问题解决得模模糊糊。"

"中国人的科学研究能力同外国人比较如何?"有人问道。

华罗庚激动地从座位上站起来,边打手势边说:"绝对不比外国人差!"

华罗庚谈了中国科学家在抗战中的艰苦环境:"就以我在西南联大教书的情况说,在昆明为了躲警报,家住在乡下,每次跑进城里上课,整天愁着一家人的生活。学校人少,找个助教都没有。"

赵浩生听了感慨地写道:"在这种条件下,能有这种成就,应该视为一种奇迹。这次他到苏联讲学时,苏联的科学家就对他表示过惊奇与钦佩。"

"您这次出国,将来返国后的计划是什么?"赵浩生问。

沉吟片刻，华罗庚以极为动情的语调说："如果不是不得已，我绝不愿意出国！如果有那么一天，我们的梦想实现了，中国真正开始和平建设，我想科学绝不是太次要的问题。我们绝不能等待着真正需要科学的时候，再开始研究科学。"

在谈到美国的科学设备时，华罗庚说："原子弹中的炭精，美国可以提炼至 99.96%。即使中国知道了方法，有了所有的材料，也无条件去制造。"

华罗庚还告诉记者，他到苏联讲学，在与苏联科学家的谈话中发现，他们能随口说出昆明的海拔、衡阳的位置。这些小细节，都可以证明他们科学知识的造诣。苏联的学生受过 10 年中小学教育后，入大学即受专门训练。当时他们正在宣传新的"五年计划"，苏联正有大批的专门人才从事这个工作。

在这篇访谈记录的最后，赵浩生感慨地说："真的，如果有那么一天，我们的梦想实现了，中国真正开始了和平建设，不但科学家再也没有苦闷，全国人民都将生活在欢笑中。"

华罗庚在上海安顿好了妻子和孩子。在同年 9 月里的一个早晨，他和几位西南联大的教授、学生，在黄浦江边登上一艘名为"美格将军号"的轮船，离开了中国。

和华罗庚一道去美国的人，其中有后来的诺贝尔奖获得者李政道,他和杨振宁一起,由于发现了著名的"宇称不守恒定律"而举世闻名;还有著名化学家唐敖庆与著名物理学家朱光亚、吴大猷等。可以说,他们都是凤毛麟角般的精英人物。

坐落在美国新泽西州的普林斯顿大学高等数

学研究所,以对待客座讲师的规格欢迎了华罗庚的到来。华罗庚在这里做了一年多研究工作,同时在普林斯顿大学数学系教授数论课。

当时,华罗庚正值壮年,他的成就得到了世界数学界的公认。不久,他便被美国伊利诺伊大学聘为终身教授。但是,让他魂牵梦萦的仍是他的祖国和亲人们。他从一些友人那里得知,全中国的解放已成定局。这一消息令他兴奋不已。

朋友们还告诉华罗庚,国民党有可能把一些社会名流及其家属送到台湾。这个消息令他十分不安,于是他急忙给妻子和孩子们办了护照,把他们接到了美国。

在美国,从物质生活上讲,华罗庚一家是得到改善了,但他在精神上却并不愉快。后来,他回忆说:"到了美国,生活是有所改善了,但是社会关系却是道道地地的买卖关系。金钱第一,什么第二,我却说不上来。歧视黑人,固为人所共知;黄人、犹太人、希腊人、意大利人,也都在被歧视之列。上铺子去买条裤子,店员拿出粗货;当你请他拿细料的时候,他会悻悻然地对你说:'你们黄人穿这种料子正合适,在洗衣作里耐磨经穿。'是的,在他们心目中的黄人,不是洗衣作的佣工,就是中国饭铺的厨师。……人老珠黄不值钱,教授也不例外。

老教授的下场也是老境凄凉，拿些极为菲薄的退休金，出卖藏书，孤苦伶仃地度日。不要说学生，早如路人；就是儿女也不常来看你。如果你要去看他们，还得请带饭钱去。师生关系当然也是买卖关系，入学就为将本求利而来的。现在说来可羞，我那时也在这染缸中挣扎：对学生，来者不拒，花上10分、20分钟的时间，点他两点，使他得些便宜，贩些货品而去；不来者，不追不逼，维持个'买卖不成仁义在'。对学生的成绩更是好话多说，缺点少言。一来学生高兴，二来也为自己争光。"

华罗庚的好友徐贤修说："伊利诺大学（即伊利诺伊大学）对他非常礼遇，除聘请他外，还可以由他选择两位杰出青年代数学家，使伊大成为研究代数的中心。他接受了聘约，接了他的夫人与三个儿子来团聚，算是他平生第一次过着恬静的生活。不意1950年他决意要全家回中国去，伊大千方设法挽留他，甚至于有'你先回去看看，你的孩子由伊大照料'的建议，但是华先生怀着一种'中国人应当站起来'的心情，举家成行了。"

归国途中的公开信

1950年春天,华罗庚就这样带领着妻子儿女,从美国绕道欧洲,然后从地中海,经过印度洋,归来了。

在回国途中,他发表了一篇情真意切的《致中国全体留美学生的公开信》。

朋友们:

道别,我先诸位而回去了。我有千言万语,但愧无生花之笔来一一地表达出来。但我敢说,这信中充满着真挚的感情,一字一句都是由衷心吐出来的。

…………

让我先从大处说起。现在的世界很明显地分为两个营垒:一个是为大众谋福利的,另一个是专为少数的统治阶级打算利益的。前者是站在正义方面,有真理根据的;后者是充满着矛盾的。一面是与被压迫民族为朋友的,另一面是把所谓"文明"建筑在不幸者身上的。所以凡是世界上的公民都应当有所抉择：为人类的幸福，应当抉择在真理的光明的一面，应当选择在为多数人利益的一面。

朋友们如果细细地想一想，我们身受过移民律的限制，肤色的歧视，哪一件不是替我们规定了一个圈子。当然，有些所谓"杰出"的个人，已经跳出了这圈子，已经得到特别"恩典""准许""归化"了的，但如果扪心一想，我们的同胞们都在被人欺凌，被人歧视，如因个人的被"赏识"，便沾沾自喜，这是何种心肝！同时，很老实地说吧，现在他们正想利用这些"人杰"。

也许有人要说，他们的社会有"民主"和"自由"，这是我们所应当爱好的。但我说诸位，不要被"字面"迷惑了，当然被字面迷惑也不是从今日开始。

我们细细想想，资本家握有一切的工具——无线电、报纸、杂志、电影，他说一句话的力量当然不是我们一句话所可以比拟的；等于在人家锣鼓喧天的场合下，我们在古琴独奏。固然我们都有"自由"，但我敢断言，在手酸弦断之下，人家再也不会听到你古琴的妙音。在经济不平等的情况下，谈"民主"

是自欺欺人，谈"自由"是自找枷锁。人类的真自由、真民主，仅可能在真平等中得之；没有平等的社会的所谓"自由""民主"，仅仅是统治阶级的工具。

我们再来细心分析一下：我们怎样出国的？也许以为当然靠了自己的聪明和努力，才能考试获选出国的，靠了自己的本领和技能，才可能在这儿立足的。因之，也许可以得到一结论：我们在这儿的享受，是我们自己的本领，我们这儿的地位，是我们自己的努力。但据我看来，这是并不尽然的，何以故？谁给我们的特殊学习机会，而使得我们大学毕业？谁给我们所必需的外汇，因之可以出国学习？还不是我们胼手胝足的同胞吗？还不是我们千辛万苦的父母吗？受了同胞们的血汗栽培，成为人才之后，不为他们服务，这如何可以谓之公平？如何可以谓之合理？朋友们，我们不能过河拆桥，我们应当认清：我们既然得到了优越的权利，我们就应当尽我们应尽的义务，尤其是聪明能干的朋友们，我们应当担负起中华人民共和国空前巨大的人民的任务！

现在再让我们看看我们新生的祖国，怎样在伟大胜利基础上继续迈进！今年元旦新华社的《新年献词》告诉我们说：

"一九四九年，是中国人民解放战争获得伟大胜利和中华人民共和国宣告诞生的一年。这一年，我们击败了中外反动派的和平攻势，扫清了中国大陆上的国民党匪帮……解放了全国百分之九十以上的人口，赢得了战争的基本胜利。这一年，全国民主力量的代表人物举行了人民政治协商会议，通过了国家根本大法共同纲领，成立了中央人民政府。这个政府不但受到全国人民的普遍拥护，而且受到了全世界反帝国主义阵营的普遍欢迎。……

"中国是在迅速的进步着，一九四九年的胜利，比一年前人们所预料的要大得多，快得多。在一九五〇年，我们有了比一九四九年好得多的条件，因此我们所将要得到的成绩，也会比我们现在所预料的更大些、更快些。当武装的敌人在全中国的土地上被肃清以后，当全中国人民的觉悟性和组织性普遍地提高起来以后，我们的国家就将逐步地脱离长期战争造成的严重困难，并逐步走上幸福的境地了。"

在这封洋溢着炽热爱国情怀的公开信的最后,华罗庚说:

> 朋友们!"梁园虽好,非久居之乡",归去来兮!
>
> 但也许有朋友说:"我年纪还轻,不妨在此稍待。"但我说:"这也不必。"朋友们,我们都在有为之年,如果我们迟早要回去,何不早回去,把我们的精力都用之于有用之所呢?
>
> 总之,为了抉择真理,我们应当回去;为了国家民族,我们应当回去;为了为人民服务,我们也应当回去;就是为了个人出路,也应当早日回去,建立我们工作的基础,为我们伟大祖国的建设和发展而奋斗!
>
> 朋友们!语重心长,今年在我们首都北京见面吧!
>
> 一九五〇年二月归国途中

这封公开信是华罗庚离开美国,到达香港以后写的,后经新华社向全世界播发,在世界各地的留学生中引起了强烈反响。

第四章 | 新中国数学的拓荒人
他对中国的数学十分重要

1950 年 3 月 27 日，中国许多报纸在显著位置刊登了这样一则新闻：

"闻名全世界的我国数学家华罗庚教授，已于本月 16 日自美国返抵首都北京，并已回清华大学任教。华氏系于 1946 年应美国伊利诺大学（即伊利诺伊大学）之聘，前往讲学。华氏回到清华大学以后，受到该校学生的热烈欢迎。华氏在回国途中曾发表一封给中国留美学生的公开信，号召留美学生回国为伟大的祖国建设和发展而努力。"

华罗庚的同乡好友胡柏寿在《艰苦岁月，纵谈国事——忆华罗庚 1946 年在金坛》一文中，回忆华罗庚出国前的思想状况，认为新中国成立后他从美国归来是必然的。他说："那是一九四六年盛夏，适值蒋介石公开撕毁了停战协定，悍然发动反革命内战，国家处于危急存亡之秋，华罗庚刚从苏联讲学归国，来到阔别已久的故乡省亲。……当年华罗庚风华正茂，容光焕发，温文尔雅，和蔼可亲，一派学者风度。……本来，我刚步入他的旧居，不免有点拘谨，内心正在琢磨着，思忖着……我们究竟从何谈起？会不会有共同语言？特别是昨天大会上得知他将去美国长期执教,我是有些想法,像这样正直的学者,我们祖国多么需要啊!说实在话,我是带着这个问号去的。谈话开始,态度有点不自然,大概华罗庚看出了我的窘态,话匣子先由他打开。一开场他就大大地赞扬了苏联一番……华罗庚振奋地说:'在苏联,我觉得他们的制度真好。苏联对知识分子极为重视。我在苏联讲学,他们把我当宝贝,使我非常感动……'

"我们的话越谈越深,几乎无所顾忌,逐渐产生了思想上的共鸣。……那时西南联大是全国学生运动的民主堡垒,地下党的力量很强,在这如火如荼的政治激流中,不少人走向进步。华罗庚在旧社会历尽沧桑,备受艰辛,他热爱祖国,要求民主,走向进步,追随革命是完全合乎逻辑的。

"这时,我的胆子渐渐壮了,乘机反问:'那您为什么要到美国去呢?''现在国内很糟。'他说。'那么,您什么时候回国呢?'我又紧逼一句。'等国内政治澄清之后。'他略加思索,斩钉截铁地回答着。

"果然,不出几年,当全国解放之初,他就毅然放弃了在美国的高薪和优厚的科研条件,冲破重重困难,回到祖国的怀抱,实现了自己的诺言。华罗庚在中国学术界是颇有影响的,他的爱国行动，对那时侨居国外部分进步的高级知识分子纷纷返回祖国，起了一定的促进作用。"

华罗庚的学生王元在《我的老师华罗庚》中记述道：

"1950年回国时华老才40岁，当时他已经是世界上著名的数学家了……1979年以后，他重访了欧洲与美国，不少人问过他这样的问题：'你回国了，不后悔吗？'在英国，华老与我、潘承洞一道，就碰到过有人这样问他，华老只回以淡然一笑。

"1981年，费弗曼在《旧金山周报》上发表的《华罗庚教授在旅行》一文中，写有华老谈他当初决定回国时的想法：'我留下来是容易的，在美国对我的妻子、儿女及我的工作都是重要的，我回去与否呢？最后我决定了，中国是我的祖国，我的家乡。我是穷人出身，革命有利于穷人。而且，我想我可以做一些对于中国数学来说，是重要的事情。'

"1980年，科拉达在美国《科学》杂志上发表了《华罗庚形成中国的数学》的文章。文中列举了他所访问过的科学家是怎样高度赞扬华老成就的话，其中有数学家赛尔贝格经过深思熟虑之后说出的一段话：'要是华罗庚像他的许多同胞那样，在第二次世界大战之后，仍然留在美国的话，毫无疑问，他本来会对数学做出更多的贡献。另一方面，我认为他回国对中国的数学是十分重要的。很难想象，如果他不曾回国，中国的数学会怎么样。'"

王元说："华罗庚培养、影响与教育了中国的好几代数学家，毕竟是事实。我相信这些人对中国数学的发展是会长久起作用的。"

1984年，华罗庚在《述怀》一文中有这样的话："学术权威似浮云，百万富翁若敝屣，为人民服务，鞠躬尽瘁而已。"这反映了他对名利的淡泊。

为新中国数学科学拓荒

1952年，中国科学院请华罗庚筹建数学研究所，建成后，他被任命为中国科学院数学研究所所长。从此，华罗庚开始了新中国数学科学的拓荒工作。同年10月，他出席了在北京召开的亚洲及太平洋地区和平会议。

华罗庚把积蓄了多年的爱国热忱用于教学育人和科学研究，他不厌其烦地和青年们探讨数学和人生，到处发表演讲，写了大量的文章，抒发自己的爱国情怀。1953年，他在《中国青年报》发表的《谈谈同学们学科学的几个问题》一文中说："我们的祖国正以高速度前进，凡是热爱祖国的人，没有一个不感觉到无限兴奋的……不经过黑暗的人，不知道光明的可贵；不经过严冬酷寒的人，不知道春日的可亲。旧社会的过来人羡慕新社会中成长的青年……"

他告诉青年们从事科学研究需要长期积累，潜心钻研，不能好高骛远。当时，他收到了上百封关于研究用圆规及直尺三分任意角问题的信件，同时，他也听说有人收到上百封关于发明了永动机的信件。这两个问题耽误了不少青年。他告诫年轻人说："唯有按部就班地前进，唯有步步踏实地钻研，才可化雄心为现实。"

华罗庚不仅是一位卓越的数学家,而且是一位才华横溢的诗人。1953年,中国科学院组织了一个由26位科学家参加的考察团出国考察。团长是著名核物理学家钱三强,团员有建筑学家梁思成、大气物理学家赵九章、天文学家张钰哲、地质学家张文佑、数学家华罗庚等。

途中,英气勃勃的科学家们谈笑风生,谈论着新中国光明的未来。华罗庚诗兴大发,他建议大家吟诗作对。大家议定每一句中必须含有考察团中一个成员的名字,这样难度就高一些了。

"华先生倡议的,那就请华先生先讲吧!"大家笑着说。

华罗庚笑盈盈地思索片刻,吟道:

"三强韩赵魏——"

他随即请其他人对出下联。

同行的理论物理学家何祚庥一听,心想:"熟悉文字学的人都知道,在'对例'中,这是属于著名的'难对'的一类的。早在北宋时期,有人以'三光日月星'的上联求对,苏东坡以'四诗风雅颂'对上了。按照对联的惯例,在下联中,和上联中'三'这个数字相对应的,必须是另一个数字;而要找到一个数字加上它所概括的几种事物来和上联相对,难度无疑相当高。苏东坡的'四诗风雅颂'却巧妙地解决了这个问题。"

见无人应对,华罗庚便自对下联:"九章勾股弦。"

他吟的上联"三强韩赵魏"中的"三强"是双关语,一是指团中的成员物理学家钱三强,二是指战国时代的韩、赵、魏三强;下联中的"九章"也是双关语,一是指团中的成员物理学家赵九章,二是指我国古代数学名著《九章算术》,这本书首次记载了我国数学家发现的勾股定理,在西方,又称为毕达哥拉斯定理。何祚庥认为,华罗庚的这则妙联开辟了数字联的新对例。华罗庚的这副佳联,后来在科学界广为流传。

到了苏联，他们访问了莫斯科、基辅、塔什干等城市的科研和教育机构。这年冬天，苏联科学院发表了华罗庚关于中国数学近况的报告，报告简要讲了20世纪早期中国数学的发展情况。

回国以后，华罗庚积极地参加各种社会活动，同有关部门共商发展科学和教育的大计，尽自己所能献计献策。在他的积极带领下，数学研究所成立了数论组。中国数学界许多出类拔萃的数学精英，都是在这里、在这时开始涌现的。

据著名数学家、华罗庚的学生王元回忆："他的工作重点转到了培养年轻数学家，致力于发展中国的数学事业。实际上，他把自己的研究工作愈来愈放到第二位来考虑。于1953年正式成立了数论组，他撰写了《数论导引》。后来又成立了代数研究组，他与万哲先合写了《典型群》。……华老关心过冯康研究广义函数论；关心过关肇直、田方增研究赋范环论；也支持了张宗燧、胡世华、吴新谋、张素诚、秦元勋、王寿仁等的工作。听过华老讲课而受益的人有王光寅、丁夏畦、张里千、丁石孙、曾肯成等。陈景润更是华老出面调来数学所工作的。"

为了培养人才，回国初期，华罗庚相继在清华园和数学研究所开办了数学讨论班。

科学巨人 | 华罗庚

中国科学家的榜样故事

华罗庚挑选学生是极为严格的。据王元回忆，有一天，华罗庚给王元出了一道题，但王元答不出来，华罗庚便问道："怎么回事？你把中学学的东西都忘记了？"

"华先生，让我再想想。"

华罗庚不讲情面地批评王元说："这么容易的题目都做不出来！我自学的时候没有人教，没人教也学会了。你要学会独立思考，学会联想数学的一些内在关系。你念过大学，懂得矩阵，就应该学会思考怎样用大学数学的观点，来看待中学学过的东西呀！"

满屋的学生都屏气凝神地听着。就这样，王元在黑板前一站就是两个小时。

最后，华罗庚说："回去再想想吧！"

求学心切的王元，在当天晚上，用心地想、用心地演算。

次日，他把求出的结果报告给了华罗庚，华罗庚看了很高兴。后来，华罗庚又给王元出了些题目，王元都做出来了。

在学生们的记忆中，华罗庚不仅是一位严师益友，而且是一位有着强烈的民族自尊心的爱国数学家。他不仅以"言"，而且以"行"教育着学生们。当时发生的一件事，使王元终生难以忘怀。

我国古代数学家李善兰发现了一个漂亮的关于组合的恒等式，但未能证明。后来，这一发现流传到了国外。20世纪50年代初期，匈牙利科学院院士、著名数学家保尔·吐朗来中国访问，他在中科院数学研究所做报告时，用高等数学中的兰向达多项式对这个恒等式做出了证明。

华罗庚听了这位匈牙利数学家的报告，心里很不是滋味，他对王元等人说："这本来是我们中国的东西，结果我们做不出证明，让人家外国数学家给证明了，这对我们既是友好的表示，也是挑战。希望你们都想想看。"

当晚，华罗庚一夜未眠，终于在保尔·吐朗起程前证明了李善兰提出的恒等式，而且方法比保尔·吐朗的简单、漂亮。第二天，当华罗庚到车站为这位匈牙利数学家送行时，把自己的证明交给了他，华罗庚的才智和爱国热情令保尔·吐朗由衷敬佩。

华罗庚从美国归来后，在广州给中山大学的学生和老师做了一场生动的报告。在听讲的学生中，有一位半身瘫痪、必须靠着双拐才能走路的残疾青年，他就是后来著名的数学家陆启铿。他听了华罗庚的报告很受感动，不禁产生了一个想法：希望毕业以后能分配到北京，在华罗庚的身边做一名学生。于是，经过一番激烈的思想斗争，他鼓起勇气给华罗庚写信表达了自己的上述想法。

不料，信发出去以后，他又后悔了。心想："如今，华罗庚是无人不知的大数学家，追随者不计其数，健康人都不一定被他看中，他怎么会收我这个残疾青年做学生呢？"正胡思乱想时，华罗庚接受请求的回信来了，陆启铿喜出望外，他后来成为了我国数学界的骨干。华罗庚的有些学生甚至成为了国际上知名的数学家。

王元在回忆文章中说："他深知培养中国青年数学家的重要。解放后，他始终抓紧这项工作，不仅向他们传授数学知识和治学方法，更注意教育他们热爱祖国和人民，教育他们要有良好的学术品德和作风。

"20世纪50年代中期，他又提出'要有速度，还要有加速度'。所谓'速度'就是出成果,所谓'加速度'就是成果的质量要不断提高。……在治学方面,他总是不吃老本,永远向前看。当他成为世界著名数论学家时仍不停步,宁可另起炉灶,研究新领域代数学与复分析。"

王元还说:"当然,能够在华罗庚教授身边工作,承受他的身教与言教的学生总还是极少数人。早在20世纪50年代,他就注意发现社会上的卓越人才。陈景润就是他发现并推荐到数学所工作的。他是由于见到陈景润对'塔内问题'有些见解,而看出陈景润是一个可造就的人才的。"

那么,华罗庚究竟是怎样发现陈景润有数学才能的呢?

他拭掉了明珠上的灰尘

正当华罗庚和他的学生们披星戴月、日夜不停地向数学的高峰迈进时，仰慕华罗庚的大名前来求教者也纷至沓来。

1956年的一天，华罗庚收到了一封落款为"陈景润"的来信。在这封信中，陈景润除了谈到自己渴望得到数学大师的提携外，还附有一篇题目为《塔内问题》的数学论文。论文中直言不讳地说，他精读了华罗庚的《堆垒素数论》一书，觉得其中关于"塔内问题"的几个地方，似乎还可以改进，并且提出了具体的改进意见。

华罗庚看了陈景润的来信和论文，很感兴趣，他随即询问身边的人说："这个陈景润真有想法，但不知他是干什么的？"

正巧，当时数学研究所正有一位从厦门大学来的进修老师，名叫林坚冰，他了解陈景润。他对华罗庚谈了陈景润的情况。他告诉华罗庚，陈景润在厦门大学图书馆工作。陈景润大学毕业以后，被分配到北京四中教书，但他教不了书，厦门大学校长王亚南出面做工作，把他调到厦门大学工作。

当时，陆启铿正准备到厦门出差，华罗庚为此专门叮嘱他说："你到了厦门，一定要去拜访一下陈景润，问问他，如果他愿意,就说我请他作为特邀代表,到北京来参加数学讨论会,路费全部由我们支付!"沉吟片刻,华罗庚又说,"另外,你可以去拜访一下厦门大学的负责人,就说,如果他们愿意放人,我想把陈景润调到北京来工作。"

陆启铿启程了。一路上,他纳闷地想着:"这个陈景润究竟是怎样一个人呢?为什么华先生对他这样器重呢?"

当时,举国上下正在轰轰烈烈地开展向科学进军的活动。

这时,陈景润正坐在厦门大学的图书馆里如醉如痴地钻研那个古老的数学难题——哥德巴赫猜想。

陈景润在厦门大学数学系读书时,听本系的数学老师李文清讲过数论中还有三个未能解决的大难题:费马问题、孪生素数问题和哥德巴赫猜想。

李文清是位循循善诱的老师。他说,1742年,德国有位名叫哥德巴赫的数学家,给大数学家欧拉写了一封信。他在信中提出了两个猜想:第一个猜想是,任何一个大于2的偶数都是两个素数之和;第二个猜想是,任何一个大于5的奇数都是3个素数之和。欧拉给哥德巴赫写了一封回信,他在信中说,他相信这个猜想是对的,但是他不能证明。

就这样,两个世纪过去了,各国数学家都试图证明这个猜想，但都未能如愿。到了1900年，德国数学家希尔伯特在第二届国际数学家大会的著名演说中，把这个猜想作为19世纪未能解决的最重要的数学问题之一，留给了20世纪的数学家……

"要证明这个猜想绝非易事。"德国数学家兰道1921年在剑桥大学召开的国际数学家大会上无奈地说，"用现今的数学方法证明哥德巴赫猜想是很难的。"

不过，李文清又鼓励在座的同学们说："世上无难事，只怕有心人。将来你们当中要是有人解决了哪怕是其中一个问题，对世界数学科学都是了不起的贡献！"

陈景润默默地听着李文清老师的介绍，他不明白为什么哥德巴赫猜想这样难证明。

陈景润出身于邮局小职员家庭，新中国成立前，他的母亲得了结核病，因无钱医治而去世。疾病和贫穷相继夺走了他六个兄弟姐妹的生命。所幸，他总算活下来了。但是他一直体弱多病，在同学们中间，他总是离群索居，默默地读书，很少与同学们交往。李文清老师关于哥德巴赫猜想的讲述，给他留下了深刻的印象。

大学毕业以后，陈景润被分配到北京四中当教员。但是他

因浓重的口音和口齿不清的表达，难以胜任教员的工作。在王亚南校长的帮助下，他回到厦门大学数学系当了辅导员，同时兼管图书资料工作。也就是在这个时期，他专心致志地研究起数论来了。他把华罗庚的《堆垒素数论》读了七八遍，重要的地方读了多达40遍。不仅读，他还按照自己的思路进行演算，之后，将研究成果写成了《塔内问题》这篇论文。他在论文中说，他精读了华罗庚教授的《堆垒素数论》，觉得其中关于"塔内问题"的几个地方似乎还可以改进，并且直言不讳地提出了改进意见。在征求李文清老师的意见后，他把论文寄给了华罗庚。

华罗庚的《堆垒素数论》出版以后，国内外数学界对其推崇备至，还一直没有人提出有需要商榷的地方。现在，无名青年陈景润竟然提出其中有需要改进的地方，这自然引起了华罗庚格外的关注。

王元首先读了陈景润的处女作《塔内问题》。据王元回忆，陈景润的论文写得很乱，但是，因华罗庚叮嘱，他和数论组的几位成员还是很仔细地读了这篇论文。

"华先生，我们感到这个名叫陈景润的人提出的论证是对的，他利用高次多项式对应的三角和的中值公式，处理低次多项式对应的三角和的中值公式，将苏联科学院研究所所长维诺格拉多夫和您的两种不同方法结合运用得很好。"王元看过论文后，对华罗庚说。

华罗庚不愧是一位心胸开阔的数学大师，他听了王元的介绍，没有任何不悦的表现，立即仔细地看了陈景润的论文。

当听说陈景润是个图书管理员时，他没有丝毫蔑视，而是说："这个年轻人很好，他很有想法，很有培养前途！"

他又说："你们朝夕在我的身边工作，怎么就没有想到对我的著作提意见呢？倒是他，在那么远的地方竟然这样认真地研究了我的东西！"

在这之前，人们给华罗庚推荐过许多数学人才，他都没有在意。现在，他怀着和当年熊庆来发现自己一样的爱才心理，亲自嘱托陆启铿到厦门大学，经过一番奔走，把陈景润调到了中国科学院数学研究所。这是华罗庚平生亲自点名调来的第一个人，也是唯一一个人。

新中国成立以后，华罗庚亲自领导数学研究所数论组的工作，在长达 4 年的时间里，组织了以哥德巴赫猜想为中心的研究工作。1956 年至 1957 年，王元把苏联数学家布赫希塔布的（4+4）改进为（2+3）；1962 年，经研究，王元宣布论证是正确的，同时也指出证明还要进一步简化。

1965 年冬的一天，陈景润交给王元一篇论文，题目是《表大偶数为一个素数及一个不超过两个素数的乘积之和》。论文共有 50 多页，经过认真研究，王元宣布论证是正确的，同时也指出证明还要进一步简化。

1966 年，《科学通报》在休刊前夕只刊登了关于陈景润这篇论文的一个简报。从这时起到后来全文发表，经历了长达 7 年的时间，国内外数学家都知道陈景润宣布的结果，但是都怀疑它的真实性。

1973 年的一天，陈景润兴致勃勃地走进了王元的办公室，交给他一篇关于哥德巴赫猜想的论文，题目是《表大偶数为一个素数及一个不超过两个素数的乘积之和》，这篇论文共有20多页。这些年里，陈景润躲进小楼潜心钻研，他带病坚持工作，把原来的证明做了大量改进与简化，请王元审查。一连3天时间，王元聚精会神地听陈景润讲解，他不放过每个细节，仔细听讲。最后，王元惊喜地发现，他的这位师弟从1960年至1972年，在12年的漫长时间里，潜心研究哥德巴赫猜想，在此问题上做出了史无前例的重要成果，陈景润的成果在国内外都处于领先水平。

　　陈景润成名以后，成为举国关注的传奇人物，各种荣誉、待遇也纷至沓来。他被中国科学院评为研究员，而且搬进了专家楼；他还被选为人民代表，为人们讲述自己的励志故事。陈景润终身都很感念华罗庚的知遇之恩。

第五章 | 为百万人的数学
把数学用在生产上

年复一年,华罗庚想方设法,在可能的范围内用数学为工农业生产服务。他拖着多病的身躯,走遍了中国所有重要的省、市,到三线建设的地方,到工厂,到农村,向人民群众宣讲他们能接受的、可以用于生产实际的数学方法。华罗庚因此成为当时在中国最为人们所熟知的一位科学家。美国学者贝特曼甚至认为"现在还没有一个西方的数学家及得上华罗庚被群众所拥戴的水平",而且认为他"在自己的国家中作为一个科学的群众英雄,有如爱因斯坦之在美国"。

在那些日子里,华罗庚阅读了国内外大量相关资料,访问了工厂和农村,发现这些地方管理工作很落后。他想:"能不能把数学方法用在管理上呢?"有了这个想法之后,他从理论上进行了计算,最后,他决定用统筹学和优选学作为研究应用数学的起点。

一连几年时间,华罗庚只要一听说数学的哪个分支对工农业生产有用,哪个问题可以结合实际,就拼命地钻研。

1958年,华罗庚一个人兴冲冲地跑到北京郊区的农村,研究用优选法设计打麦场。他不辞辛苦地跑了一趟又一趟,研

究打麦场选在什么地方最合适，最有利于粮食的调度。这是他将数学用于工农业生产的初次尝试。除此之外，他还尝试着设计了水库等。

1964年春节前后，他为中学生讲了"蜂房结构及其有关的数学"。他这样描述了自己的心情：

> 人类识自然，探索穷研，花明柳暗别有天。谲诡神奇比目是，气象万千。

> 往事几百年，祖述前贤，瑕疵讹谬犹盈篇。
> 蜂房奥秘未全揭，待咱向前。④

他还写了《帮——新春谈新风尚》一诗。他在诗中吟道：

> 苟有所长，不隐不藏；公诸同好，互学互帮。
> 人家帮我，永志不忘；我帮人家，莫记心上。
> 帮而获尤，细心自量；改进方法，继续再帮。
> 革命事业，艰难同当；人我一体，苦乐共尝。⑤

他就这样迈出了将数学与工农业生产结合的第一步。

刚开始的时候，华罗庚去搞试点，还是大胆的、满怀信心的。他心中想着要"战略上藐视敌人，战术上重视敌人"。但是，到了现场，好大的规模，好复杂的系统，这也不懂，那也不了解，华罗庚一下子又吓慌了，胆怯起来了。用他自己的话来说是出现了"叶公好龙"的现象。

---

④选自中国文史出版社《华罗庚诗文选》，中国民主同盟中央委员会宣传部编。
⑤同④。

早在我国唐代，大诗人李白感叹在四川行路艰难时，写下了著名的诗篇《蜀道难》。

> 噫吁嚱，危乎高哉！蜀道之难，难于上青天！……

如今，要在这样险路重重的地方修建铁路，可想而知，参加建设的人们是何等的紧张、兴奋，修建这条铁路又要付出多少辛劳。

华罗庚摩拳擦掌，准备用自己的专长为国效力。正在这时，他听到了有关方面的殷切召唤。

那是1964年的冬天，西南铁路建设指挥部总指挥韩光给华罗庚发来了邀请信，邀请他参加成昆铁路的建设。华罗庚当即回信欣然接受，不久便上路了。

成昆铁路，逶迤于川滇两省的重重山峦之中，经川西平原，穿过大凉山、小凉山，跨过大渡河、金沙江，直上滇中高地。沿线山高谷深，坡陡流急，奇峰绝壁，荆棘丛生。

当华罗庚突然出现在西南铁路建设指挥部里时，人们七嘴八舌地议论着："听说他年轻时也很苦，到这里来还不是想给国家出把力！"

人们见华罗庚拖着病残的腿，艰难地行走在怪石嶙峋、坎坷不平的山路上，随时都有坠入山涧粉身碎骨的危险，既感动又为他捏一把汗。

俗语说，万事开头难。在来西南之前，华罗庚虽然提出了一系列应用理论，但是，所有想法是否正确可行必须通过实践才能得到检验。接到西南铁路建设指挥部的邀请之后，他夜以继日地工作，仔细地研究了有关资料。他心想："在实际的生产建设中应用这些方法，能不能达到预期的效果，基层工人和工程技术人员能不能掌握它，这些问题都需要经过实践才能得到答案。"想到这些，他决定把实情告诉大家。他说："同志们，坦白地说吧，用统筹法能不能提高效率，现在我们还没有把握。在北京电子管厂我们搞了 8 个月的试点，最后失败了。这次，我是抱着向工人同志们学习的想法来的。过去，我教书的时候，总是夹着一本书，如果不夹书，我的肚子里也有一大本书。现在，搞应用数学，我还是刚刚开始学走路，如果大家一定让我讲，我的讲稿只有几页。"

听了华罗庚的这番话，人们越发觉得他可亲了。专家和群众之间的距离就这样拉近了。

科学巨人 | 华罗庚
中国科学家的榜样故事

  在实际工作中，华罗庚亲眼看到错误的数字可能导致工人、战士们的伤亡，往往一位工人或战士不惜牺牲生命以求的东西，可能就是技术人员计算时所忽略的小数点后的第二位。这些体会是在书斋里、教室里如何设想也设想不到的东西。多年以后，华罗庚回忆起这段日子时，说道："当一滴水投进大海的时候，它就会发现它的追求变了，它不再局限于如何不使自己干涸的问题，而是服从大海的要求了！"

  在大西南长达 8 个月的时间里，华罗庚一心想的是尽自己的绵薄之力，促进工程早日竣工，他早已把生死置之度外。

  当时，谁如果能从成都顺利地到达甘洛县，谁便是英雄。而华罗庚和他的年轻学生们绝对不是为了单纯的探险，他们每

到一处施工工地,便停下来宣讲统筹法。讲完了,科研人员便分成若干小组,和铁路工人一起干活儿,直到让工人们把统筹法完全学会、弄懂为止。然后,他们再转移到新的施工工地。这种漂泊不定的流动生活,更增加了他们的危险。

"这里是第一线,工作很紧张,你讲多了也没时间听,好就好在讲稿只有几页!"工人们说。于是,华罗庚便以尘土弥漫的山冈为课堂,讲了起来。会后,筑路工人们成立了统筹运输组和统筹施工组,用华罗庚讲的方法热火朝天地干了起来。

大西南重峦叠嶂,地势险峻,"一线天""鬼见愁""摘帽沟"等奇观比比皆是。在陡峭的山腰里挖个槽子就算是公路,汽车在上面小心翼翼地行驶,司机往往吓得直哭,因为一不小心掉下去,就会粉身碎骨。

华罗庚和他的学生们每天翻山越岭地辗转在各个施工工地上,与工人、工程技术人员一起研究如何加快施工的进度。夜晚,华罗庚和他的学生们睡在帐篷里,周围不时传来狼的嗥叫,令人毛骨悚然。山里没有水洗衣服,更没有水洗澡,华罗庚和他的学生们身上、衣服上爬满了虱子,晚上,他们在帐篷里把衣服脱下来抖一抖,第二天继续穿。

华罗庚和他的学生们在大西南火热的施工工地上,与工人们朝夕相处，祖国壮美的山川、风餐露宿的生活，激励着他，使他的脑海里不时奔涌出诗的语言。他给他当时的秘书王柱写下了《同心》一诗：

> 发不同青心同热，协力同心为祖国。
> 乌蒙山头同驰驱，大渡河畔共栖憩。
> 浩瀚太湖心胸宽，澎湃长江情意激。
> 一砖一瓦一根草，云水风雷争朝夕。⑥

从西南建设工地回到北京以后，华罗庚给中国科学技术大学的全体师生做了报告，讲了大西南筑路英雄们给他的教导，也讲了祖国西南的大好风光，以及他为什么决心到实际生产中去研究数学应用问题。

---

⑥选自中国文史出版社《华罗庚诗文选》，中国民主同盟中央委员会宣传部编。

巨大的效益

华罗庚到工农中去，用数学为工农业生产服务，他的学生陈德泉和计雷始终是他忠诚的追随者。从西南回到北京以后不久，他又把愿意跟他走这条路的助手和学生组织起来，五个人一组，组成多个小分队，出发了。

到了现场，他们先办训练班，听讲的人中有工厂的厂长、技术人员，也有工人和农民。讲解完了统筹法，他们就和群众一起做试验，研究如何解决工厂管理和生产中的问题。他们时时、处处都在入迷地设计着"双法"的应用，甚至在休息的时候，也不忘工作。

华罗庚决心走出一条中国式的推广应用数学的道路来。经过年复一年的实地调研，他对中国的国情有了比较清醒的认识：一方面，生产工艺落后，生产水平不高，但是生产的潜力很大，如果把新科学、新技术运用到生产实践中去，就能转化成很大的生产力，为国家做出更大的贡献；另一方面，广大工农群众的整体文化水平较低，如果把群众认为高深莫测的数学方法，变成他们能理解、能接受，并且能掌握、能运用的东西，就需要化繁为简、化艰深为通俗、化抽象为形象，从而做到真正的深入浅出。为此，他撰写了两本通俗读物：《统筹方法平话及补充》和《优选法平话及其补充》。

所谓统筹方法，是一种应用于组织管理的科学方法，其目的是求得施工生产的最佳方案。而优选法，则是为获取生产工艺、操作、配方配比等最优参数所用的方法。华罗庚在书中用聊天儿的形式，娓娓叙述枯燥乏味的工艺方法，让只有初中文化程度的普通工农群众一读便会。

在推广运用"双法"时，华罗庚除了强调科学性、通俗性外，还特别强调实践性，强调要与生产相结合，要去办试点，要去抓"使用"。于是，历经20余个春秋寒暑，他的足迹遍及祖国各地，行程逾20万千米；数以百万计的人得以亲聆教诲，参与实践，备受裨益。1979年，华罗庚曾应邀到英国讲学，他的演讲题目便是《为百万人的数学》。

"华氏双法"为国计民生带来的经济效益和社会效益，可谓无以计算，大到企业的重大经营决策，小到7个开关如何管住1个灯。不妨举几个例子：天津碱厂纯碱生产优选以后，每年可以节约粗盐9000吨，价值27万元；对80个企业进行调查的结果表明，内蒙古自治区推广运用"双法"以来，每年可以增产节约800万元；四川省推广运用"双法"仅仅4个月，就增产节约两亿元；运用"双法"对两淮煤炭生产开发论证，开发规划可以提前两年完成，如果提前一年，就能为国家多生产4000万吨煤……

华罗庚在应用数学工作中所花的时间和精力，不比他在纯数学的任何一个领域里所花的少。

当时的铁道部（现已组建中国铁路总公司，不再保留铁道部）部长吕正操在文章中回忆说："华罗庚不仅把古今中外深奥的数学知识融会贯通，具有深厚扎实的理论基础，而且创造性地把数学应用于社会实践，做出了杰出的贡献。早在1964年修建成昆、贵昆、川黔铁路时，华罗庚同志来到工地，他不顾自己的腿脚不便，沿着凹凸不平的施工便道，到过许多隧道、桥梁工地，为广大干部、战士和职工讲解统筹法和优选法。他以通俗的比喻，深入浅出地解释高深的数学理论，深受大家的欢迎。他往往以日常生活中的事例来说明统筹法，使文化水平不高的同志也能懂得这一数学理论的梗概。他还亲临现场指导运用统筹法组织施工，大大加快了工程的进度，提高了工程质量，为西南铁路建设做出了重大贡献。在共同的工作中，我和华罗庚同志也结成了莫逆之交。"

带着氧气袋上课

1975年盛夏的一天，华罗庚坐在东去的火车上，郁郁寡欢。令他百思不得其解的是，多年来，自己真诚地用一技之长为国民经济服务，甚至不惜牺牲生命日夜工作，为何却招来诸多非难——"华罗庚搞的那一套是以专家压制群众路线""搞优选法是游山玩水"……

他就这样怀着满腔的委屈，越过松辽平原，进入了林木葱茏的大兴安岭。置身于满目苍翠的森林之中，他仿佛年轻了许多，心情渐渐好起来。他和助手们乘坐森林小火车深入各个采伐场，用优选法和统筹法研究"采、运、用、育"等问题。在那些日子里，林区特地拉了广播线到深山老林里，让守林人听华罗庚讲解"双法"。就这样，黑龙江省林业局把统筹法用于"采、运、用、育"，从而提高了工效，减少了"窝工"现象。

连年的郁烦和劳累，终于使华罗庚病倒了。

那是一天深夜，旅馆里的服务员听到一阵微弱的敲击声，他闻声赶到发出响声的房间时，只见华罗庚脸色苍白地躺在沙发上，浑身出冷汗。人们赶快请来了医生，经诊断，他患的是心肌梗死。大家请来了中国科学院的一位副秘书长，华罗庚见

第五章 为百万人的数学

了他，流着热泪说："国家交给我的事情，我没有做好就病倒了。我对不起国家，对不起人民！"

接到病危通知书以后，华罗庚的大儿子华俊东和儿媳柯小英，以及长孙华云立即从北京赶来。

大庆的工人们也专程赶来探望。后来，华俊东回忆说："爸爸身体不好，最近10年中曾两次发生心肌梗塞，但病情刚刚缓解就投入了工作，甚至病情还未完全好转，需要卧床静养时，他也静不下来。他曾先后8次去黑龙江，5次到大庆，推广统筹法、优选法。我们子女恳求爸爸说，您年纪大了，身体又差，多静养，少出去。爸爸说，年龄只会越来越大，身体也只会越来越差，现在不奔波，今后出去的机会更少。"

科学巨人 华罗庚
中国科学家的榜样故事

在儿子华俊东的印象中,华罗庚就像一匹奔腾的骏马,马不停蹄。他曾多次在严冬时节去高寒地区,炎夏时去酷热的地方。候鸟天寒南迁,天暖北上,他却相反,那倒不是故意选择,而是一切以工作的需要为重。华罗庚风趣地说:"这是'夏练三伏,冬练三九'。"

作家张胜友的报告文学《他从高山走向大地》一文中说:"他工作起来总是争分夺秒,忘了医嘱。在两淮矿区,他直登40多米高的井塔塔顶;在穿梭式的巡回讲学中,他经常是带了氧气袋上台为群众讲授'双法'。有时讲着讲着身体支撑不住了,就站在台上输氧气,乃至多次造成心肌梗塞。"

华罗庚在病床上躺了六个星期以后,终于康复出院。当时,他写出了这样的豪言壮语:

> 呼伦贝尔骏马,珠穆朗玛雄鹰,驰骋原野志千里,翱翔太空意凌云,一心为人民。
> 壮士临阵决死,哪管些许伤痕,向千年老魔攻战,为百代新风斗争,慷慨掷此身。⑦

⑦选自政协金坛县委员会文史资料研究委员会《金坛文史资料 第3辑 华罗庚教授专辑》,中国人民政治协商会议金坛县委员会文史资料研究委员会编。

第五章 为百万人的数学

经历了新旧两个社会的华罗庚，对祖国和人民无限热爱。他说过，在过去，即使有报国之志，也无为人民服务之心。只有在新中国成立以后，在党的教育下，才能树立起"为人民服务"这样一个十分严肃的观点。

1976年7月28日，河北省唐山市发生了7.8级强烈地震，开滦煤矿的煤运不出来了。在那些日子里，整个华北地区，尤其是京、津、唐一带面临着缺煤断电的威胁。华罗庚听到这个消息，不顾自己患有严重的心脏病，于1977年2月，冒着严寒，过雁门关，亲自赶到现场，用统筹法做运煤的试验。在山西大同煤矿，原先装车数每天只有702车，运用统筹法后，当天就装了847车，之后日平均装车达到了1000车以上。消息传开之后，口泉站的工人们举行了盛大的庆祝会，感谢华罗庚。当时，华罗庚主持的这项"铁路统筹和汽车节油"实验，获得了中国科学院科技进步奖一等奖。

1977年6月中旬，他和助手们到山东推广"双法"时，又犯了心脏病，被迫住进了医院。临行前，他给助手们讲了个故事。他说："宋朝有位名叫李纲的抗金英雄，晚年写了一首题为《病牛》的诗，其中两句是'但得众生皆得饱，不辞羸病卧残阳'。我依照他的诗，也写了两句：'生产若能长一寸，

何惜老病对黄昏！'"

　　这年秋天，华罗庚拖着多病的身躯，不顾年事已高，远赴乌鲁木齐。后来，当听到克拉玛依小分队汇报说，用优选法钻井、采油、炼油都取得了优异成绩，创造的产值超过千万元时，他兴奋得难以入睡。

第六章｜他是中国的，也是世界的

弄斧到班门

1979年5月至12月，年近古稀的华罗庚，应英国伯明翰大学利文斯通教授的邀请，横渡英吉利海峡，在英国各地进行讲学活动。其间，他还应邀访问了荷兰、法国、德国。在长达七个多月的时间里，他怀着"下棋找高手，弄斧到班门"的谦逊治学思想，与各国科学家进行了深入的探讨。

关于他的这次欧洲之行，不仅他本人，他在各国的新交旧知也都欣喜异常。英国数学家哈伯斯坦在为《华罗庚选集》所作的序言中这样写道："华罗庚1979年秋天在欧洲的突然出现，对我们许多人来说，是一个传奇式的事件，它使神话变成了现实。长时期以来，华罗庚在我们当代数学的编年史上，只不过是一个受人尊敬的名字。他本人出乎意料地出现在我们面前：庄严而活泼，朝气勃勃而富于智慧，宁静而又无休止地探索新的课题。这时候，我们才意识到长达30年的时间里，他在国际舞台上消失，曾经引起我们多么深切的怀念。"

关于这次访问，华罗庚的长媳柯小英后来撰文回忆说："在改革开放的年代里，先父（华罗庚）受到英、法、联邦德国、荷兰、美国、日本、加拿大、澳大利亚等许多国家邀请，但他只去了部分国家。他出国都有他的目的,总是为着社会主义祖国建设的需要。他去国外是为吸收现代化新东西,交流更多的经验。他抱着'弄斧必到班门'的态度去讲学,去学习别人的长处。他利用国外清静环境去考虑问题,去写他的计划经济数学。他常说'努力不计年,自强永不息',恨不得自己和二三十年前有同样的工作效率。他非常珍惜时间,有计划有效率地利用时间。无论何地和他一起,他从来没有游玩机会。就算领导或外国朋友邀请去了,回来也要怨恨浪费了时间。因此陪他出访的学生或工作人员从来不敢提出娱乐的问题。他工作累了,只是看看历史小说,读读诗词,自己玩玩牌。他喜爱京剧,但他从不愿意用过多的时间去欣赏,就算听了京剧,以及其他一切,无不是为了松弛一下脑筋。

"在荷兰讲学时,一位正在荷兰进行研究的美国哥伦比亚大学学者后来给先父的信中说:'您在埃因霍温的讲演是真正令人惊叹不已的。您向大家证明了,好的学者,即使是在最恶劣的逆境中,仍然可以做出出色的成绩。您使我们这些生活在安逸与稳定环境中的人们只能感到羞愧。'"

到达英国之后,华罗庚趁当地学校正在放假,为自己的讲学做了充分的准备。随后,他在伦敦数学会、剑桥大学、牛津

第六章 他是中国的，也是世界的 |

大学、曼彻斯特大学做报告，所到之处，无不受到热烈的欢迎。

他在一场场报告中，用大量生动的事实，向英国的数学家们谈了他在中国把数学方法教给工农群众的做法。过后，伦敦数学会秘书长辛麦斯基博士给他写了一封信，信中说："您的经验除了中国外，对其他许多国家的情况也是完全适用的。我希望一些数学团体能把您的榜样铭记在心，去处理一些实际的问题。"

这年夏天，华罗庚出席了在英国达勒姆举行的国际解析数论大会。他的出现引起了全场轰动。华罗庚的讲学获得了巨大成功。相识的，不相识的，都为能一睹他的风采而兴奋不已。一位来自曼彻斯特大学的华裔数学家冒着大雨从200英里外的地方赶来听华罗庚的报告，他说：“因为我是为华教授从事数学的艰苦经历所鼓舞而选择了数学作为我的终身事业的。20多年之后，我能见到他，而且听到他的课，我所感到的满足和愉快是可想而知的了。”

华罗庚说：“我准备弄斧到班门！”他准备了10个数学问题，专门去各个大学讲人家最擅长的领域。

"对于不是这一行的人，炫耀自己的长处，于己于人都无好处。只有找上班门，弄斧献技，如果鲁班能够指点指点，那么，我们进步就能够快些……"历时数月的"班门弄斧"，使得华罗庚的英国同行们无不称道。

一位名叫狄锐克·莱麦尔的美国学者在荷兰听了华罗庚的学术报告后，给华罗庚写信表达敬意，他认为：“华有抽取、抓住别人最好的工作的不可思议的能力，并且能确切地指出他们的结果中哪些是可以改进的。他有许多窍门，他广泛地阅读并掌握了20世纪数论的至高观点。他的主要兴趣是改进整个领域。”

美国汤·艾普斯托教授说，当自己在研究所念书时，华罗庚已是当时耳熟能详的杰出数学家之一。“他是最先将深奥的数学理论演绎为最简单、平常的数学的科学家。”

过了些日子，应法国科学院的邀请，华罗庚又访问了法国，法国南锡大学授予华罗庚"荣誉博士"称号。

在这之后,华罗庚匆匆踏上了归途。临行前,有人问过他:"有的人认为,数学家不应该去搞实际问题,那种事应让一般的数学工作者去搞,这种说法对吗?"

对此,华罗庚自有想法。他后来赋诗《材大难为用辩》表明了自己的想法:

> 杜甫有诗《古柏行》,他为大树鸣不平。
> 我今为之转一语,此树幸得到门庭。
> 苗长易遭牛羊践,材成难免斧锯侵。
> 怎得参天二千尺,端赖丞相遗爱深。
> 树大难用似不妥,大可分小诸器成。
> 小材充大倾楼宇,大则误国小误身。
> 为人休轻做小事,小善原是大善根。
> 自负树大不小就,浮薄轻夸负此身。[⑧]

⑧选自解放军出版社《下棋找高手》,华罗庚著。

老同志，新党员

华罗庚在英国伯明翰大学讲学期间，忽然从国内传来消息说，他梦寐以求的愿望终于实现了：党组织批准他加入中国共产党了！这喜讯给了他力量，这力量支持着他继续在英国、荷兰、法国和德国讲学。

华罗庚在《五十年来的愿望，三万里外的佳音》一文中说：

"如果这次讲学任务能完成得比较好，这是和这喜讯分不开的，就是这一喜讯，使我以艰难的履步，得以走完这段路程。因为这不仅是我个人的荣辱、国民的荣辱，而且是党的荣辱。我讲得不好，工作做得不好，就对不起党对我的期望。尽管关节经常疼痛，但一想起这是为党争光，就讲得起劲多了！这些我在讲前反复思考几遍，使我那颗爱国的心上又树起了为党争光的奋斗目标。

"不论在获得荣誉博士的雄壮国歌声中，在洁净而幽静的环境里，以及一切讲学和讨论的时候，无时无刻不想到，我不仅是中国人，而且是一名中国共产党党员。

"对于历史来说，50年弹指一挥间；但对个人来说，却是大半个人生。

"我不能忘记'一二·九''一二·一六'雄壮的步伐声，我也不能忘记歌咏小组暑期讲习班的革命歌曲声。当然，一个是革命烈火熊熊燃烧的大运动，一个是火热的小合唱，但都使我向往党，向往光明。我恨自己彳亍的步伐，追不上时代；粗哑的嗓门，唱不出时代的最高音。

"我也不能忘记昆明的年代，'一二·一'的血衫犹在我的眼前，我曾在灵前流泪。闻一多的死，和我的出走，形成鲜明的对照。

"幸而党的领导，进入了我在美国的书斋，使我能较早地回到祖国的怀抱。

"……我就携家带小地投身归来，这都是靠党的教导和挽救。"

华罗庚在文中还说："有些人片面理解了理论联系实际，一方面无情地打击抽象的理论，另一方面又将我们几年搞应用说成是不搞理论了！这次出国的讲学工作，有力地反驳了这两种偏见。事实证明，在搞实际的同时，我们并没有忽视理论。"

在这篇语重心长的文章中，华罗庚还谈到了一件在国外遇到的事情。在英国，有一次欢送一位到美国去安家落户当教授的系主任。在欢送宴会上，一位朋友悄悄地问华罗庚："你从美国回中国是不是后悔了呀？"因为这位朋友认为去美国安家落户当教授，是为了追求更好的生活，而这正是华罗庚当年放弃的。论当时的生活水平差距，中美之间比英美之间更大，因此他不能理解华罗庚毅然回国的行为。"为人民服务是第一位的，个人生活享受是第二位的！"华罗庚果断地回答。"这真伟大！"那位朋友敬佩地说。

在得知自己成功入党后，华罗庚还兴奋地说："现在我可更公开地答复更多关心我和不理解我的人，华罗庚不但是坚定了爱国立场，而且成为中国共产党的一员，要为共产主义事业贡献出一生的精力。"

华罗庚自谦地说："当然，人贵有自知之明，我这个人'爱国'二字还算可以做到，但距离真正共产党员的标准，还相差极远。但好在初学写字按着'描红'，有不少老革命前辈和英雄事迹在，我一步一个脚印地走去，有信心会走上轨道的。我也冷静地思考过，我受党的教育早，而入党迟……这反映了我内在的缺点，我非用加倍的努力赶上去不可。有利的条件在于，科学的社会主义大道上讲的是实事求是，不说空话大话，老老实实地干。为提高人民的生活水平和全民族的科学文化水平而干，为社会主义四个现代化而干。我要把我有限的余年，贡献

给国家和人民,贡献给党,贡献给共产主义事业。"

为了表达自己激动的心情和坚定的信念,华罗庚写下了这样的词句:

> 老同志,深愧怍,
> 新党员,幸勉称,
> 横刀那顾头颅白,
> 跃马紧傍青壮人,
> 不负党员名。⑨

⑨选自江苏文史资料编辑部《江苏文史资料 第63辑 金坛文史资料 第8辑 华罗庚》,石楠编著。

死生甘愿同依

在回国后的日子里,华罗庚不顾年事已高,又患有严重的心脏病,依然拖着病体东奔西走,不遗余力地推广"双法"。

处于经济发达地区的两淮煤矿(淮南煤矿和淮北煤矿),有丰富的资源,开发两淮,对华东地区的经济发展无疑意义重大。当时,正处于能源供应十分紧张的时期,煤炭供应有时朝不保夕。两淮地区蕴藏着几百亿吨煤炭资源,但那里的地质条件很复杂,开发速度很慢。

"到底怎么办?"当时的煤炭工业部(已于 1998 年 4 月撤销,以下简称"煤炭部")部长高扬文焦急地想。他说:"我想求助于科学,让科学给我们做个结论。我久仰'华氏双法',但只知皮毛,不识根底。我深知我的知识解决不了这个问题,于是我向华罗庚教授求援,我写信告诉他我们遇到的问题和困难,希望用他的智慧、他的方法、他所率领的专家,帮助我们规划出一个经济、合理开发两淮煤矿的方案。"

华罗庚很快回了信,他在信中表示愿意接受这个任务。

1982 年春天,双方专家拟订了一个开发两淮煤矿的工作计划,其中包括时间、次序、投资核算等。在讨论两淮煤矿基地的规划问题时，华罗庚认为，科学要到生产中找课题，要以主人翁的态度干工作。

"在 20 年中，我在淮南煤矿普及'双法'，摸索出用'双法'搞组织管理，搞质量管理，效益很大，把'双法'用于区域规划，肯定是可行的。"华罗庚很有信心地说。

这年 4 月，华罗庚不顾年事已高，身患重病，拄着拐杖，率领队伍到现场查看矿井。他每到一处都仔细地了解情况，发现问题。在考察中，他对建井技术很关心，查看了用"冻结法"打的井筒，对用大钻机打井很感兴趣。他虽然行动不便，但还是登上大钻井平台，观察设备运转和操作情况。

在现场工作的华罗庚，给人留下了非常谦虚的印象。他多次召开干部、工程技术人员、工人座谈会，听取意见，经常工作到深夜，有时一边吸氧气，一边工作。在两淮现场，他为了让更多人学会"双法"，常常给工人和技术人员上千人大课。为了体现"双法"的作用，他还亲自指导了一个洗煤厂改善管理，该厂当月就收到了很好的效益，大家都高兴极了。华罗庚为"双法"的成功感到高兴，那段时间，他像孩子一样笑着。

这一年，在烈日炎炎的 6 月天，华罗庚再次下淮南，他亲自审查了两淮规划方案的草案，并且多次征求地方领导和煤矿管理部门的意见，还做了详细解释。

"对两淮规划，我们运用了统筹法，第一是调查研究，第二是揭露矛盾，第三是矛盾的转化。这个过程完成了，办法找到了，规划方案也就做出来了，与原规划相比，建设速度可以加快，建设规模可以加大。"华罗庚说，"科学要精益求精，一步一步地干，关键是干。"

这一年，在北京召开的由各方面专家参加的论证会上，大家很认可在华罗庚亲自领导下做出的两淮煤矿基地规划方案和10项措施。这个规划方案的结果是：（一）建井周期可以缩短一年半到两年；（二）建设规模可以加大，到20世纪末期，每年可以减少北煤南运3000万吨，从而大大缓和津浦、京汉两条铁路的运输压力；（三）10年以后，通过淮河、长江、大运河，每年可以运煤1400万吨，节约大量运费。

"这只是从科学管理、科学组织方面挖掘出的潜力，如果再加上采用新工艺、新技术、新设备，潜力还可以再挖出一些。"华罗庚说。

在中美国际工程公司协作单位联席会上，面对上百位中外专家、学者，华罗庚以亲身体会，发表了"藏拙不如现丑"的精辟演说，博得了热烈掌声。

第六章 他是中国的，也是世界的

在交往中，高扬文部长真正认识了华罗庚。在那些日子里，他时常看到华罗庚就想起鲁迅的诗："俯首甘为孺子牛。"

"孺子牛应当是怎样一个形象呢？在华罗庚的身上，不是表现得最明显吗？"高扬文说。

在那些日子里，华罗庚兴致勃勃地频繁出现在两淮煤矿基地中。回到北京，他还在日夜思索着煤矿上的工作，常常是饭菜凉了又热、热了又凉，年迈的姐姐华莲青蹑手蹑脚地走来提醒他该吃饭了。

"哎呀！你别打断我的思路好不好？"他懊恼地说。

两下淮南获得了很大成功，华罗庚本应该休息一段时间，但是一想到党和人民的重托，他便又上路了。1982年盛夏，他决定三下淮南，去办"坑口学习班"，帮助两淮煤矿培训技术人员。

"这次您就别去了，在北京休息休息。"助手劝他说。

他听了，反说："我已经72岁了，老骥不但要志在千里，更要行在千里！"

可是，他经历了长途跋涉的劳累和煤矿的艰苦生活，又病倒了。他被连夜送回北京，因病情危急，一到北京便直接被送进了医院。

他在《难忘的回忆》一文中写道:"病人安详地躺在床上,不言不语,似乎是在绝对静养中,但不时地眼开眼闭,似喜似忧。看来反映出病人是静中有动,表面的安静,掩盖不了脑海中的波涛。病人在深思,在探索。

"这真是大海捞针吗?有些像。但海是有限的,而思想领域是无穷的。这根针——这一线索已经失去了 10 多年了,积极寻找已花了 2 年的精力。原先以为旧路难迷,驾轻就熟,自己想出过的关于把数学方法更有效地用到计划经济中的理论还不是手到拿来?但事情竟出意外。在十二大召开前后,感觉到 60 年代日夜钻研上述理论写下的手稿,将有用武之地了。当年题了一句话:'三年之病,而求七年之艾。'⑩原想未雨绸缪,为国家做些储备工作。现在看来'三年'前留下的'艾',用得上了,这是多么高兴的事呀!恨不得一口气就写下来,向党献礼。但事与愿违,竟如茫茫烟海求之不得了!

"回忆 50 年代后期、60 年代初期,我就对将数学方法应用于计划经济有过一个打算,数学上的蓝图草构已形成了。这一想法还必须在实践中逐步修改、补充和上升。从车间从工段

---

⑩"三年之病,而求七年之艾"出自《孟子》:"今之欲王者,犹七年之病,求三年之艾也,苟不为畜,终身不得。"因针灸用艾,以收藏多年干透的效果最好。此处改用为"三年之病""七年之艾",比喻办事必须早做大量的准备工作。

做起,先把基础打好,然后立柱上梁。前面的就是上面所谈的'大统筹,广优选,联运输'。在这个基础上,最后一步就是'策发展'了,论结构这是屋顶了。"

1982年11月22日深夜,华罗庚躺在北京医院的病床上,想到祖国和人民对科学的期望,辗转不能入眠,起身披衣为《数学方法与国民经济》写序言,他在序言中写道:

> 只管心力竭尽,那顾水平高低。人民利益为前提,个人成败羞计。学龄已过六十,何必重辟新蹊。贾藏、乘桴、翼天齐,奢望岂我所宜。
>
> 沙场暴骨得所,马革裹尸难期。滴水入洋浩无际,六合满布兄弟。祖国中兴宏伟,死生甘愿同依。明知力拙才不济,扶轮推毂不已。[11]

[11] 选自新华出版社《新华社好稿选(1984年)》,新华社新闻研究所编。

科学巨人 | 华罗庚
中国科学家的榜样故事

122

再访美国

华罗庚曾经说过，古人有一比喻"爱屋及乌"。"屋"就是祖国大厦，而个人仅仅是屋角里的一只栖鸦而已。

虽然他自己十分谦逊，然而，他的名字和成就早已越过国界，为世界各国人民所称颂。有人说，华罗庚是中国的，也是世界的，此非虚语。多年来，随着他的杰出贡献越来越多，他在国际学术界的声望与日俱增。美国波士顿科学博物馆数学馆的墙壁上镌刻着当代伟大数学家的名字，华罗庚就是其中之一。在新加坡某大学的墙壁上，华罗庚的相片高挂。他那传奇般的经历，早已为中外公众所传颂。

1980年6月里的一天，华罗庚从广州乘坐火车到达香港，参加第五届东南亚数学会双年会议及研讨讲座。他讲的主题是《偏微分方程几何理论》。30年前，他从美国归来时，在香港写下了举世闻名的《致中国全体留美学生的公开信》。这一次，他的到来依然吸引了不少中外记者。

会议闭幕以后，他又应香港数理研究会和香港大学的邀请，与香港大专院校、中学的数理教师和学生们见面，并做了题为《数学漫谈》的演讲。听讲者的反应也是空前热烈。

这年的8月8日,华罗庚应邀访问美国。他在第四届国际数学教育会上所做的《关于在中国推广数学方法的若干个人体会》的报告,着重谈了优选法的原理、作用,以及推广方法。与会的科学家们说,华罗庚的演讲是国际数学教育会议四个报告中最为精彩的。

美国哥伦比亚大学应用数学组组长、著名教授朱家鲲博士专程从纽约赶到普林斯顿和正在那里访问的华罗庚交流优选法理论。之后朱家鲲把华罗庚的《优选学》一书译成了英文。后来,华罗庚在《优选学》英译本的序言中写道:

> 这是我意想不到的光荣和鼓励……家鲲教授翻译这本小书的行动使我有深刻的知己之感。……群众中,领导上都是知辛识苦,都认识到科学就是生产力的大道理,知道脑力劳动的价值。出国之后又知道海外存知己,天涯有同心,他们同情国内科学工作者的喜、怒、哀、乐。家鲲教授用行动来表达这样的心意。

第六章 他是中国的,也是世界的

在美国访问期间,许多有名望的学者对华罗庚关于一些数学问题的尝试,都非常称赞,说他创立了数学的"中国学派""华氏不等式""华氏方程""华氏算子""华氏定理"等,还有人称他为先驱者。20 世纪 40 年代,华罗庚在美国期间结交的许多老朋友,加上这次又结交的许多新朋友,不少人都是和家人一起,亲自开着汽车把他送了一程又一程。在美国的半年时间里,他共访问了 26 所大学,总计演讲 38 次,还参加了不计其数的各种座谈会。

在华盛顿的一家旅馆里,美国《科学》杂志的记者柯拉塔采访了华罗庚。过后,他在报道中说:"华罗庚是一个奇才,以他的研究以及致力于数学大众化而著名……"哥伦比亚大学的数学家李普曼·贝尔斯说:"他绝对是第一流的数学家,他是做出特别贡献的人。"

华罗庚深情地爱着自己的祖国和人民。他去美国访问讲学,带出去的礼物全是朋友写的书法和故乡江苏金坛出产的刻纸。他无一处不在宣传中国的文化艺术,始终对祖国念念不忘。当时,美国的许多大学数学系主任和研究所的负责人,都是 40 年代华罗庚在美国教过的学生,其他一些著名教授和专家,也都是他的友人或熟人,他们对华罗庚这位多年不见的老师、旧识都非常尊敬。

当时，有人曾写信问华罗庚访美的情况，华罗庚的答复异常谦逊，他说："我们现已跑过了20多所学校，后来由于这样做得益不大，所以先在普林斯顿大学高等数学研究所演讲，现在在伊利诺伊大学做较长时期的逗留。没有什么旁的原因，主要是想多学一点儿，实际上我学还学不过来呢，有什么值得称道的呢！"人们说，他的学者风度，俱于此矣。

1981年2月11日，华罗庚离开美国回国，到达香港以后，又应香港大学等大学的邀请，在香港访问了一周。1982年2月9日，香港中文大学授予华罗庚名誉理学博士学位。

1982年，在美国科学院举行的年会上，华罗庚以全票当选为美国科学院外籍院士。在历史上，被选为美国科学院外籍院士的有门捷列夫、居里夫人、琴纳（牛痘疫苗的发明者）、哈代、朗道、法拉第、普朗克、赫胥黎、巴甫洛夫等著名学者。华罗庚是当选的第一个中国人。在这之后，美国科学院外事秘书马伦发电报并写信，通知了华罗庚这个消息。

应美国加州理工学院的邀请，1983年秋天，华罗庚再次访问了美国。这次访问美国，华罗庚除完成了讲学和研究工作外，还写了《计划经济大范围最优化的数学理论》一书。加州理工学院负责人评价他的工作说:"华的工作是最振奋人心、最有效的。"

过后,华罗庚回忆说:"此番出国能把我闭户造车所获得的成果,和世界著名的经济学流派相比较,使我放心了。他们还没有尝试过这一方法。"

在访问美国期间,华罗庚还出席了美国科学院一年一度的院士大会。会上,美国科学院院长普雷斯详细介绍了华罗庚在数学领域里所做的贡献,并充满敬意地说:"他是一个自学出身的人,但他教了千百万人民。"会场内顿时响起了热烈的掌声。会议结束的时候,美国科学院外事秘书马伦先生请华罗庚签名。经马伦同意后,华罗庚随即用中文写下了自己的名字。

华罗庚访问美国的消息,在华裔人士中引起了轰动。过去很多年,许多旅居海外的侨胞都听说过华罗庚的种种传说和故事,在那些日子里,华罗庚出现在哪里,哪里就一片欢腾。

在美国,华罗庚收到大量来信。人们在信中说,从华罗庚身上,看到了中华民族的希望。

1984 年 5 月,一个春光明媚的日子,美国伊利诺伊大学体育馆里笑声盈盈,华罗庚来到 30 多年前曾任教的这所大学,参加了这所大学授予他名誉理学博士学位的盛典。

到了晚年，华罗庚时常在诗词中感叹人生的短促。据他的儿媳柯小英回忆："最后五年里，他半卧着写了不少文稿。他性格刚强，意志坚韧，决心一下，不管困难多大，也要千方百计地完成。他自知能为祖国工作的时间不多了，所以他在离开我们前一年的时间里，常常计算自己还能工作的小时数。"

1984年，由于时刻惦念着祖国的数学事业以及"双法"的推广情况，华罗庚内心很不平静，虽然他在美国讲学的期限还未满，而且美国的邀请单位也一再挽留他，但他无论如何也待不下去了，他决定即刻回国。

第七章 | 母校与恩师

难舍母校

华罗庚一直对故乡有着深厚的感情，他曾在1946年去美国以前回过一次家乡，关于他的那次返乡，华罗庚的同乡好友胡柏寿在《艰苦岁月，纵谈国事——忆华罗庚1946年在金坛》一文中回忆说："……华罗庚刚从苏联讲学归国，来到阔别已久的故乡省亲。那时金坛……召开了一次欢迎大会，场内场外挤满了人，连窗口上都是人头叠人头。有学生，有店员，还有其他劳动人民，多数是自发的，都怀着一腔崇敬的心情，为我们家乡出了一位大数学家而高兴、而自豪，以一睹华罗庚的风采为快。"

胡柏寿说，那天他真幸运，被金坛县立初级中学过去的老同学推选为校友代表在会上致欢迎词。当天夜晚，华罗庚亲临他家探望，不巧他正好外出，华罗庚跟他的父亲约定邀请他于次日上午务必到自己家去谈谈。第二天，胡柏寿如约准时前往，他和华罗庚在华家的矮屋里面对面地畅谈了两个多小时。他说，谈话当中，华罗庚表现出向往社会主义制度的热诚，忧国爱民的胸怀，指控国民党特务残酷镇压学生运动、迫害进步教授的激愤心情，以及对祖国未来的向往和信心，话音铿锵有力，目

光灼灼如炬。当时他想,看来华罗庚不仅是一位知名学者,而且是一位爱国的社会活动家,不禁肃然起敬。

胡柏寿在回忆文章中感慨地说:"华罗庚是金坛县中第一届老校友,无论从年龄、从道德、学问(方面)都是我们的长者和老师。众所周知,他是中国老一辈学术界自学成才的典范。他一贯治学严谨、精益求精、孜孜不倦、锲而不舍,这是他成功的根本原因。华罗庚在数学上之所以能取得如此重大的成就,还有其他许多不可忽视的重要因素。首先他念念不忘自己是炎黄子孙,有一颗热爱祖国的赤诚之心。抗战前,他到英国剑桥大学深造,本来只要继续下去,可以稳拿博士学位,但他鉴于抗日战争爆发,痛感'国家兴亡,匹夫有责',祖国需要他,人民需要他,弃学衔于不顾,断然辍学归国,一面在西南联大执教,一面参与抗日救亡活动。华罗庚热爱党、热爱社会主义……以高龄和抱病之躯……走遍祖国的山山水水,与工农打成一片,为四化建设做出了巨大的贡献。"

华罗庚那次回乡,还受到了金坛县立初级中学的老师、学生与校友的热烈欢迎,他们为他举行了盛大的座谈会。当华罗庚听说他的老校长韩大受、老师王维克都在金坛并且也都将应邀前来时,他非常高兴。进会堂时,他一定要老师们走在前面;

就座时，一再要老师们坐在上首，自己只肯坐在下首。

会议开始后，主持人致欢迎词，称赞华罗庚是一位数学天才，他听了连忙站起来摇摇手说："我不是什么天才，我是慢慢学出来的。"

在座谈会上，华罗庚把国外的教育、科学见闻做了简单的介绍，他着重谈了青年们学习上的一些问题。他说："学习上没有什么天才，也没有什么捷径可走。如果说有捷径，那就是要勤奋刻苦地学，并且要坚持不懈地努力……在学习上还要学会动脑筋。"他一边说，一边从桌子上抓起一把花生米，连成线条或角，又把茶杯当作圆，把它们摆成好多种图形，出了几道题，让在座的学生与校友们思考，鼓励大家在学习上多动脑筋，学会思考，方能取得成效。

华罗庚回到故乡并参加座谈会的消息很快传遍了金坛，闻讯前来的人们络绎不绝，把整个会场挤得满满当当。人们都静静地听他演讲，都对华罗庚的博学多才佩服不已。人们在街头巷尾热烈地议论着："华家的罗罗回来了。听说他刚从苏联讲学回来，很快又要到美国去了。想不到小小的金坛，出了这么个大数学家！"

华罗庚的返乡，引起了人们对许多往事的回忆。当年，华家的斜对面有一家豆腐店，每日天刚拂晓，人们起来磨豆子的时候，就望见对面的华罗庚在油灯下看书了。也有人说，在炎热的三伏天晚上，很少见华罗庚出来乘凉，他总是在又闷又热的小店里看书。冬天，人们见他常常把砚台放在脚炉上，边磨墨边用毛笔蘸着做数学习题。

总之，在那些日子里，人们从华罗庚的孩童时代，一直谈到他名扬海内外，人们都为金坛出了个华罗庚而感叹不已。

华罗庚的家乡观念很浓厚，他常说："香，香不过家乡茶；亲，亲不过故乡人。"新中国成立后，只要一有机会他就会回到家乡看看。回到家乡以后，他讲家乡话。有一次看见一位种黄豆的农民，他就用家乡话问道："你种的是嗲瓜（什么）？"

1961年10月，华罗庚从北京到江苏视察工作。10月27日这天，他回到母校看望师生，受到全校师生的欢迎。在热烈的掌声中，他做了题为《天才在于勤奋，知识在于积累》的演讲，勉励同学们要勤学苦练，学好本领，为社会主义事业服务。在演讲中，他还教导同学们学数学要联系实际。演讲结束后，他又参加了数学教师的座谈会，并且对中学的数学教学提出了希望。

1962年8月22日是金坛县中学建校40周年校庆。为了

第七章 母校与恩师 |

迎接校庆，这一年的春天，华罗庚特地请当时的中国科学院院长郭沫若为金坛县中学写了校匾。校庆前夕，他又派秘书专程到金坛，送去一幅《后来居上》立轴作为礼品给母校祝寿。这幅立轴是他亲自题词，请北京的著名书法家写的。

1963年10月，华罗庚再次回到金坛，回到母校看望师生。他以自己的亲身感受，对比了新旧学校的差异，希望同学们珍惜眼前的学习条件，做合格的接班人。这时，他的老师王维克虽然已经逝世多年，但他仍然登门拜访了王维克的夫人，一见到师母就让她坐在藤椅上，问长问短。

华罗庚最后一次回金坛，是1980年在江苏推广"双法"的时候。这年的5月21日，他回母校看望师生。在欢迎会上，当校长蔡志成代表全校师生在华罗庚胸前佩戴上金光闪闪的金坛县中学的校徽时，全场响起了热烈的掌声。这次，华罗庚做了长达一小时的报告，他勉励年轻人要坚定信念，学好本领，为建设祖国做贡献。在报告中，他还以"树老怕空，人老怕松；戒空戒松，从严以终"的格言与师生们共勉。

会后，华罗庚在校长的笔记本上亲笔写了"你育人才，四化所赖"八个大字，勉励大家把金坛县中学办好，并在住处会见了母校的"三好学生"代表。

1982年8月,金坛县中学为建校60周年举行了隆重的庆祝活动。华罗庚因公务在身,无法回去,除写信表示歉意外,还与在北京工作的近80位金坛县中学历届校友一起集会庆祝母校建校60周年。会上,他发表了热情洋溢的讲话,衷心祝愿母校"永葆青春,后来居上,一代超过一代!"

华罗庚一生足迹遍及世界各地,闻名遐迩,可他却对金坛小城魂牵梦萦。金坛县中学也为培养出了个华罗庚而自豪。1986年,这个中学正式更名为华罗庚中学。在华罗庚中学图书馆的二楼,有一间校史陈列室,里面陈列着学校的创办人韩大受和历届毕业生中佼佼者的事迹,以及这个学校历史上的重大事件资料,其中有华罗庚初中毕业证书的存根。

如今,这所中学在江苏省及全国都有一定的知名度,对数学教学水平,该校的老师们都有一种自信,更有一种荣誉感和紧迫感。每年初中毕业生们都努力争取考进华罗庚中学高中部。华罗庚中学的毕业生回乡后,都时常回母校转转。金坛县的人们把这所中学称为全县的"最高学府"。

不忘恩师

华罗庚始终不忘金坛县中学对他的培养，始终不忘这个学校的老师对他的教诲，尤其是他的恩师王维克和韩大受。

1946年夏天，华罗庚赴美国讲学之前，回到故乡金坛，亲自登门拜访了王维克。

"王维克先生是我数学成绩的第一个赏识者。我的这位中学老师不仅数学好，而且在物理学、天文学方面也造诣很深，并且是一位有成就的翻译家！"成名以后，华罗庚这样称赞他的中学老师。

这次会见，使王维克感到欣慰。这位当年也曾有过梦想和抱负的教育家，见自己早年的学生中出了华罗庚这样杰出的人物，不禁感到十分欣慰。但不得不承认，他倾自己所有的数学知识，在许多问题上也难以再和华罗庚有共同语言了。

见面以后，他从桌子上拿了一本意大利诗人但丁的《神曲》递给华罗庚，说："罗庚，别后我无甚可告你的，喏，只有它——

"为了翻译这本书，我停止了交游，闭门不出，系统地研究了但丁的生平与著作，阅读了大量资料，学了梵文……"

华罗庚听了，十分敬佩。

在那个寂静的夏夜，师生二人，还有王维克的夫人陈淑，坐在庭院里边乘凉，边聊天儿。他们谈家事，谈国事，谈人生，谈做学问，直到夜阑人静才分别。

金坛县中学的一位国文教师杨立三曾说过："华罗庚现已成为国内外著名的数学家，但识英雄于未遇之时，则为王维克与韩可吾（即韩大受）。"

韩大受是金坛县中学教育事业的奠基人。当年他创办金坛县立初级中学时十分艰难。当时金坛县立初级中学的校舍设在金坛的夫子庙内，韩大受将一些有学问的人，如王维克等聘为教员。他不仅要求学生读好书，更注意培养学生的品德与爱国情操。他亲自为学校撰写了校歌歌词：

> 茅峰西峙兮佳气葱葱，洮湖潋滟和风送。吾坛灵秀钟，名贤辈出步武继踵。我校使命何隆崇！愿各同学发愤为雄，甄陶今古，发扬文化,进步永无穷。

韩大受一直很关心华罗庚的成长，数十年间，华罗庚一直和韩大受保持通信。每逢收到华罗庚的信时，韩大受总要拿给跟他在一起工作的原金坛县中学的学生们看。他要大家向华罗庚学习，他为有华罗庚这样一个学生而感到自豪。他在《自传》里提到华罗庚时，引用了韩愈的《师说》中的句子："弟子不必不如师，师不必贤于弟子。"

华罗庚终身都很感激韩大受，1982年10月，华罗庚在写给《电视文学》编辑部的信中称："金坛县中的创立者是我敬爱的韩大受老师，他把毕生精力、所有财产都贡献给了这个学校。他为了办学，卖掉了他仅有的几十亩田。他淡泊清俭，冬天连棉衣都不肯穿。他在政治上也是进步的，对我党地下工作取同情态度。他在我家乡，不仅在他的学生中，就是在一般群众中声誉也是好的。"

1922年8月，金坛县中学刚创立时，叫金坛县立初级中学，华罗庚是这个中学的第一届初中毕业生。成名以后，他时常对人说："我的最高学历是金坛县立初级中学毕业。"

第八章 | 溘然长逝的前前后后
与生命抢时间

1984年夏天,华罗庚提前结束了在美国的访问,回到国内。此后到1985年1月,他又率领学生和助手们先后到长沙、哈尔滨、呼和浩特、大庆、深圳、香港、广州、南京、徐州等地,一路上马不停蹄地推广"双法",同时考察经济数学,参加咨询和学术活动。

1985年4月,他在北京出席了中华人民共和国全国人民代表大会(以下简称"全国人大会议")、中国人民政治协商会议(以下简称"政协会议"),当选为中国人民政治协商会议全国委员会(以下简称"全国政协")副主席。这年的5月,他被德国巴伐利亚科学院选为院士。

繁重的工作让华罗庚身体状况越来越糟糕,甚至好几次与死神擦肩而过。华罗庚在面对生命的无常时,表现出了大无畏精神。自从得了心脏病以后,他常常想到自己已经时日无多,因此,早在1980年春天就立下了遗嘱:

> 1. 我死后丧事要从简,骨灰撒在家乡金坛县的洮湖中。

2. 我国底子薄，基础差，要提倡多干实事、有益的事，少说空话、大话。

3. 发展数学，花钱不多，收益很大，应该多加扶持。

4. 我死后，所收藏的图书及期刊，赠送给数学所图书馆。

5. 家庭生活的一些安排（略）。

华罗庚还特别嘱托长子华俊东，要他负责赡养他的姑姑华莲青。华罗庚去世以后，华俊东及妻子柯小英始终忠实地履行父亲的嘱托，敬爱赡养姑姑到终老。

华罗庚常说："我不愿死在病床上，宁愿死在工作岗位上。"

他用自己的行动,实践了自己的人生信念。

1982年11月22日深夜,他躺在北京医院的病床上,用颤抖的手为《数学方法与国民经济》一书写下了动人的前言:

> 前车足鉴,来日方长。
>
> 事急矣!
>
> 经济建设迫切地需要数学方法,计划经济与数学方法有不解之缘。无论是全面性的还是局部性的问题,处处都用得上。电子计算机的出现,把这纽带联得更紧。
>
> 从60年代开始,我已粗具规模地写下了一系列手稿,作为社会主义建设进行与计划的备用工具。其中的一小部分,作为"统筹方法""优选法",写成通俗易懂的材料,试之于实践,20年来已看到了一些成绩,对国民经济建设不无好处。
>
> ……

他还写道:"对回忆与重写不敢轻易从事,诚恐'出师未捷身先死',有时不我待之叹。……但弓拉得太满了,险一些儿弓折弦断，病倒了。但总算基本上补了一些出来了，可能忘记的更多，但也还可能在那时的水平上，加上20年来摸索经验的稍有提高处。但写法不能再是通俗易懂的笔调，因为那将多花许多倍的精力。"

华罗庚的这篇文章，充满了对国家和人民的爱。他自知病魔缠身，生命有限。

华罗庚从未感叹"夕阳无限好，只是近黄昏"，而是迸发出了撼人心魄的誓言："考虑到与生命抢时间，尽心尽力为祖国，我将我血荐轩辕……"

也许是上苍念他的一片诚意，天竟假年矣。渐渐地，他再一次脱险了。

病愈后，他又上路了。为了实现建设祖国的理想，他顾不上冠心病、心肌梗死恢复期需要继续休息的医嘱，又投身于火热的工作中。

1983年3月6日，在北京医院的病床上，他还在一封信中写了这样一些话，诉说自己的心情。他写道：

……在两淮时曾犯过一次病，但安静休息几天后就好了。从两淮回来后，曾在医院检查过，无问题。去年10月10日发病，医院曾向上级机关报危过，但两周后就允许我可以思考国民经济上的问题了。住院三月，在家休息两月，工作颇有进展。

科学家引以为快的事是在于有创新，有发现，有前进。更愉快的是这些工作能对人民有用，为国家争光。最近又在理论上获得新成果，它可以用来大范围地——包括时间、空间——观察和处理国民经济问题。

现在的思想情况是：（1）醉心于这类创新工作；（2）摩拳擦掌，盘马弯弓，准备执行国家交来的任务，重上前线，再试宝刀。

……贾藏、乘桴、翼天齐（老子、孔子、庄子）都非我所愿，但愿一滴水能入得了大海洋而已。

华罗庚竭尽全力地为国效力，已把自己的生死置之度外。但闲下来的时候，他也对身边的人说过这样的话："我剩下的有效时间最多还有5年，我的时间是用来工作的，不是用来休息的。"

在晚年,他也发出过这样的感叹:"力竭矣!但斗志未衰,战士死在沙场幸甚,但甚盼尸体能对革命有用,倚墙可作人梯,跨沟可作人桥。"

第八章 溘然长逝的前前后后

告别祖国

1985年6月12日，华罗庚在东京大学的讲台上倒了下去。第二天，德国马普数学研究所在通告牌上挂起了华罗庚的相片，并将德国一家主要报纸有关他谢世的报道剪贴下来，贴在相片的下面，标题是《最伟大的中国数学家华罗庚去世》。

当时，华罗庚的学生陆启铿正在德国访问，他接到德国、美国不少科学家打来的电话，他们都对这个噩耗表示震惊和哀悼。美国《科学》杂志发表文章说："华罗庚形成了中国的数学。"

华罗庚谢世了，但他的事业、学问、品质和精神却永久地留在了人间，永远激励着后人奋发进取。

华罗庚一生最后的10天，是在日本度过的。

1985年6月3日下午，初夏的北京，已经渐渐热起来了。华罗庚身穿浅灰色的西装，从北京崇文门的寓所来到北京东郊机场的候机室，他安静地坐在沙发上，一面吸着氧气，一面和前来送行的人们握手告别，等待登机东渡。

自20世纪50年代回国，直到1962年，华罗庚和他的家人一直住在清华大学的照澜院。他对清华园有着深厚的感情，对清华算学系合并到外校一直深感惋惜、遗憾。就在这次去日

本的前夕,他要他的司机开车带他和家人到清华大学去转了一圈。在清华的每一个校门旁他都叫司机停下来,他拄着拐杖从车里走出来,向同行的家人一一介绍,让他们看看自己昔日学习和生活过的地方。

他在母校的各个校门旁深情地驻足,仿佛意识到自己将要离去了,将要永远地离开与他有着血肉之情的清华园了。万万没有想到的是,这竟真的成了他与母校清华的永诀!

第八章 溘然长逝的前前后后

在离开北京的前两天——1985年6月1日,华罗庚在北京科学会堂参加完计算机学会的成立大会之后,非常兴奋地来到院子里,在绿茵茵的草坪上,同朋友、助手、学生合影留念。

临行前,华罗庚环顾了一下他的卧室——一个十几平方米大小的房间,紫色的床罩下放着他用过的被子和枕头,床的左边柜子上摊放着他还没有写完的数学手稿,他再三叮嘱家里人:"这些东西不要动,回来我还要继续写下去!"

6月3日下午,华罗庚登上了从北京飞往东京的航班,随行人员中有五名助手和一位医生。他这次是应日本亚洲文化交流协会的邀请,进行为期两周的访问讲学。早在1982年,日本亚洲文化交流协会就邀请他去日本访问并进行学术交流。当时,他正在全力以赴地重写经济数学方面的论著,便未能成行。到1985年,对方再次发出邀请,他也很想了解日本数学界的情况,便踏上了赴日的旅程。华罗庚坐在飞机上,凝视着机舱外的茫茫云海,陷入了沉思。

就在这一年的春天,华罗庚被选为全国政协副主席,消息传开,人们纷纷向他表示祝贺。

一天,他在北京友谊宾馆的一间会议室里会见新闻记者。这天,他身穿灰色的西装,笑吟吟地说:"参加政协工作后,许多新闻单位的同志要我谈谈感想，因此请大家集体见见面。我是政协的新成员，对很多事情不熟悉。我是个搞数学的人，除数学外，对国家的贡献很小。现在国家给我这么高的荣誉，我很不安。大家有什么问题随便提吧！"

记者们请他谈谈关于少数民族地区的科学文化问题。

华罗庚说："这正是我最薄弱的一点。"在座的数学家王元、吴方等人插话说："华罗庚教授去过内蒙古、新疆和广西的一些少数民族地区，'人梯精神'就是在新疆讲的。"随后，华罗庚解释了什么叫"人梯精神"。

谈完，他神情激动地说："现在，国家这么重视科学家，科学家说话应当负责任，懂就是懂，不要不懂装懂。特别是国家建设要腾飞，一定有很多事情要请教科学家，我们应当竭尽所能，提出意见供领导参考。"

这天，华罗庚兴致勃勃地以主人翁的姿态谈了科学家的责任。他说："总之，国家和人民重视知识分子，知识分子也要重视自己，说话、做事要负责任。"

会上，有记者希望他谈谈年轻人的自学问题。沉吟片刻，他说："多学，多思，多动手。"

在日本的十日

日本数学界的同行们,对华罗庚的这次访问,已经期待了整整3年。他们希望通过华罗庚此行,加强中日两国的友好关系,促进学术交流。

华罗庚也很重视这次访问,临行前,他多次对同行的人说:"到了日本,我们要好好地向日本的同行们学习,认真了解日本把数学方法用于经济管理和经济决策的经验。"

访日前,日本数学会在访问计划中提出希望他做一次学术报告,因此,他在途中一直在考虑和准备这次报告。

经过3个多小时的飞行,华罗庚乘坐的飞机降落在东京的羽田机场。日本亚洲文化交流协会会长北村博昭先生在机场迎候他的到来。

抵达日本以后,华罗庚和他的助手及医生被安排住在东京新高轮饭店。这天,华罗庚兴致很好,晚上吃了几块三明治,便入睡了。

6月4日上午,日本日中文化交流协会的理事、数学家白鸟富美子女士来访。她曾在中国侨居过。在此之前,她曾在日本数学杂志上撰文,介绍华罗庚的经历和数学成就。这天,她捧着一束鲜花，一边笑着，一边向华罗庚鞠躬致意。华罗庚高兴地接过鲜花，感谢日本朋友的盛情款待。随后，华罗庚送给她一本新近出版的《华罗庚科普著作选集》。

华罗庚和他的助手们很快便开始了紧张的学术交流活动。助手们深知他患有严重的心脏病，都劝他多休息，尽量少参加活动。每逢这时，华罗庚便不高兴地说："我剩下的有效时间最多还有5年，我的时间是用来工作的，不是用来休息的。"因此，许多活动他都要亲自参加。

6月5日这天，华罗庚率领助手们到日本能率协会进行学术交流。日本朋友向来访者介绍了他们运用统筹法协助企业提高效率的情况。华罗庚的助手们也介绍了他们在中国运用"双法"提高生产效率的情况，日本专家们听了都很赞赏。

6月6日，华罗庚给麻省理工学院的林家翘教授写信，在信中谈到了数学的应用问题，他说："在满城春色的时候，如能和你及贝柯夫教授相聚，谈论数学的应用和发展问题，将是很好的时机。而更重要的是我们三人搞的数学应用的方面是不同的。这样的'三人行'，也许能使世人看到数学能够联系到多少方面，能增加一些人对数学的认识。"

6月7日中午，华罗庚出席了中国驻日本大使宋之光为他举行的欢迎宴会，随后参加了准噶尔工程的会议。晚上，他和日本朋友一起吃了鳗鱼饭。回到旅馆时，他感到很疲劳。

6月8日是个周六，日本接待单位安排他和助手们到箱根游览。箱根是日本的旅游胜地，以温泉闻名遐迩。这天，华罗庚一行住在风景秀丽的小涌园。因他一直思考着向日本数学界做学术报告的问题，便提前结束了在箱根的休假，回到东京。

回到东京以后，他们被安排住在新大谷饭店。为了准备报告，他接连两天谢绝了各种活动，亲自动手写演讲提纲。因为他的手抖动得厉害，只能写个草稿，请助手们帮助抄写。他仔细地阅读了抄写好的演讲提纲，还请助手们帮助书写了演讲时用的投影纸，并多次翻阅日本学士院的院士名单，准备给每一位院士送一册他的科普著作选集。演讲提纲准备好的这一天，他非常兴奋，讲了许多话，一直工作到次日凌晨才入睡。

此前，4月27日，华罗庚在参加全国人大会议、政协会议期间，有位年轻记者问他："您最大的希望是什么？"

"我最大的希望是，工作到我生命的最后一天！"这是华罗庚当时的回答。没想到，竟一语成谶。

科学巨人 | 华罗庚
中国科学家的榜样故事

第八章 溘然长逝的前前后后

生命的最后一天

华罗庚生命的最后一天到来了。

6月12日上午，他做了必要的准备，吃罢午饭便从饭店出发，2点到达日本学士院。会场上的气氛十分热烈，学士院几乎所有院士都来了。木村健次郎代表日本学士院致辞欢迎，华罗庚也做了简短的讲话，然后，双方互相赠送书籍。接着，在日本朋友陪同下，华罗庚参观了学士院负责人办公的地方，还有院士会的会场及图书馆。

离开的时候，他应邀在日本学士院的留言簿上题词：

> 十分荣幸地来访问日本学士院，祝两国科学交流日益繁荣。
>
> 1985年6月12日
> 华罗庚

写完，他的手又不停地颤抖起来。3点左右，日方接待人员安排他到东京大学附近的一家旅馆里休息。

一小时以后，华罗庚来到东京大学数理学部的讲仪厅，他进入会场以后，日本数学会会长小松彦三郎致欢迎词。在热烈的掌声中，4点12分，华罗庚登上讲坛开始做题为《理论数学及其应用》的演讲。他先用中文讲，由翻译译成日语，随后在征求了主席及听众的意见后，他改用英语讲。这天，他从20世纪50年代自己所著的3本数学理论著作讲起，一直讲到80年代把数学应用于宏观、优化、计划经济的理论，每个年代又分为理论和普及两部分，听众不时报以热烈的掌声。

讲着讲着，华罗庚满头大汗，他把外衣脱了，把领带也解掉了，又继续讲。虽然接待人员为他准备了轮椅，但他坚持站着讲。

演讲时间原定为45分钟，他看了看手表，转身向会议的主席说："主席先生，演讲规定的时间已到，我还可以延长几分钟吗？"全场热烈鼓掌表示同意。就这样，他一直讲到5点15分才结束。在暴风雨般的掌声中，他在讲坛上讲了最后一句话："谢谢大家。"演讲结束以后，日本数学家白鸟富美子走上讲坛给他献花。就在华罗庚准备接过鲜花的一刹那，他突

第八章 溘然长逝的前前后后

然身子向后一仰，倒在了讲坛上，他的眼镜也滑落到地上。在场的教授和医生们赶紧跑上去扶他。这时，华罗庚紧闭着眼睛，面容也由于缺氧而发紫。医生们立即用手按住他的脉搏，发现他的心脏已经停止了跳动。此时是东京时间下午5点16分。

在场的所有人都被吓得目瞪口呆，工作人员赶紧给急救站打电话，急救人员赶到，立即给华罗庚做人工呼吸和心脏按摩。东京大学心脏病学权威杉木教授在5点36分赶来。杉木教授赶来后，立刻指挥抢救，并且亲自给华罗庚做人工呼吸和心脏按摩。做了两次心脏按摩以后，监视仪器上出现了脉搏跳动的波形图，但只要停止了人工呼吸和心脏按摩，波形立刻变小，呼吸也微弱下来。于是，医生们又开始做人工呼吸、打针。6点15分，华罗庚被送到东京大学医院继续接受抢救。随后，中国驻日本大使馆侯参赞等人赶到急救病房探视抢救情况。

2个多小时过去了，人们在急救病房外焦灼不安地等待着。当晚8点27分，东京大学的急救医生从病房里走出来，对中国驻日本大使馆的使节和在场的代表团成员说："从6点15分起，给病人使用人工呼吸起搏器，到现在已经有2个小时了，可是仍然没有血液循环，心脏也没有收缩力，继续抢救已经无效。是否停止一切措施，宣布去世？"

这时，中国驻日本大使宋之光也赶到了现场。大家恳求医生，希望再继续尽力抢救。

"东京大学的急救部是东京都内治疗和抢救心脏病方面最有实力的机构，我们已经尽了最大努力，现在已经没有任何可能性把华罗庚教授救过来了！"医生遗憾地说。

当晚10点9分，医院宣布华罗庚去世。

华罗庚，一代数学宗师，就这样永远地离去了。

噩耗传来，举国悲痛。

6月14日上午，东京大学附属医院的灵堂里哀乐低回。华罗庚的遗体安卧在洁白的鲜菊花丛中，周围簇拥着日本各界人士送的花篮。

上午10点，日本各界人士相继来到灵堂吊唁。人们把一束束鲜花献到灵柩前面,对这位为促进中日两国的学术交流抱病东渡,最后竟在此消逝未归的伟大科学家表示敬意并寄托哀思。华罗庚教授的长子华俊东、女儿华顺和华密,以及儿媳柯小英等,悲痛欲绝地和他们的父亲诀别。随后,华罗庚的遗体被送往东京町屋火葬场火化。

永远怀念"一代宗师"

这是一个令人们永远难以忘怀的日子。

1985年6月15日下午，北京阴云密布。在霏霏的细雨中，载着华罗庚骨灰的中国民航专机徐徐降落在东郊机场上。这天，华罗庚年近八旬的姐姐华莲青也赶来了。她被人搀扶着，双手掩面呜咽，泣不成声地呼唤着亲爱的弟弟的名字。在一片悲伤的气氛中，人们把华罗庚的骨灰护送到了北京的八宝山革命公墓。

6月21日上午，北京各界人士共500多人参加了华罗庚骨灰的安放仪式。礼堂正中悬挂着华罗庚的大幅遗像，骨灰盒上覆盖着鲜红的中国共产党党旗，礼堂四周摆满了各界人士送来的花圈。

华罗庚的学生王元、陈景润等人也来了。王元说，他一定会延续华罗庚老师热爱党、热爱祖国、热爱人民的思想精神，完成华罗庚未竟的事业，沿着华罗庚没有走完的道路继续走下去。陈景润抱病坐在轮椅上，流着热泪说："太难过了！太难过了！我的老师华罗庚教授去世，对我是个沉重的打击！"

参加仪式的人们向华罗庚的遗像和骨灰盒深深鞠躬，同守护在灵前的华罗庚的夫人吴筱元和其他亲属们握手、致哀。

在华罗庚去世后的几天内,他的亲属和治丧委员会共收到约 300 件从国内外发来的唁电、唁函。

华罗庚逝世 1 个月以后,中国科学院在北京科学会堂为他举行了隆重的纪念会,他生前的许多好友和学生都参加了纪念会。他的夫人吴筱元、女儿华顺也来了。大家在一起谈起华罗庚时,良久相对无言,哀伤和惋惜的气氛笼罩着会场。大家都说华罗庚一心只顾工作,唯独没有想到自己会匆匆地离去……

华罗庚去世的第二年春天,日本数学家白鸟富美子专程从东京来到北京给华罗庚扫墓。到达北京以后,她在华罗庚亲属的陪同下,来到八宝山革命公墓,向华罗庚的骨灰盒鞠躬、献花。这天,她久久地伫立在华罗庚的骨灰盒前,眼里含着泪水,久久不愿离去。她说:"华老先生逝世以后,我在日本的一份杂志上写文章悼念他,我们数学会会长也写了文章悼念他。华老为增进中日两国人民和学术界的友谊而逝世,我们永远怀念他。"

在中国古代历史上,数学曾经有过辉煌的篇章,只是由于封建社会长时间地阻碍了科学技术的进步,后来渐渐落后了。对于从 20 世纪 20 年代开始的中国现代数学研究,华罗庚在半个多世纪的时间里，做出了开创性的杰出贡献。他是新中国数学的奠基人和开拓者，他创建了国际公认的中国数论学派，华罗庚的名字已被纳入世界著名科学家之列。

他一生自强不息，即使身处逆境，也竭尽所能为人民服务。他不仅给后人留下了丰富的文化财富，而且留下了宝贵的精神遗产。他的成就属于全人类。

他故乡的人民尤以有这样杰出的人物而自豪。

1986年3月24日，经江苏省人民政府批准，华罗庚的母校"金坛县中学"改名为"华罗庚中学"。故乡的人们在江苏省金坛县的中山公园里为他建立了一座具有苏州园林风格的纪念馆。纪念馆的门口有一个大水池，四周环绕着柳树，旁边的小丘上建有一座华罗庚纪念亭。

在纪念馆门前的柱子上，镌刻着著名数学家苏步青题写的对联："一代畴人高山齐仰止，千秋事业祖国在腾飞。"

门内的正厅中，华罗庚的雕像栩栩如生。雕像后面的墙壁上挂着题词："精勤不倦，自强不息。"

纪念馆里，还陈列着华罗庚各个时期的相片和著作，以及他结婚时用的家具、童年时代的玩具——小木凳"马嘟嘟"。

1986年6月12日，在华罗庚逝世一周年之际，华罗庚纪念馆正式揭幕。第一届中国少年数学竞赛活动"华罗庚金杯赛"的前三名获奖学生和他们的教练，都应邀前来参加盛典。华罗庚用毕生精力追求的事业，正如滚滚春潮一般奔涌不息。

如今，络绎不绝的游客来到华罗庚纪念馆参观，缅怀这位数学奇才，人们都不由得想起了在他逝世的那年春天，北京市幸福村中心小学五（1）班的一群"数学迷"写信给"华爷爷"，希望他能健康长寿，华罗庚回信勉励他们："自幼立下凌云志，长大永怀奋发心。为四化献身，两番业必成。发展规律在，后人超前人。远行始于脚下，登高必从底层，基础打得巩固，万丈高楼建得成。"

中国广大的有志于中华民族伟大复兴的青少年，必将铭记这位数学大师的殷切叮咛，从他的人生经历中汲取力量，长江后浪推前浪，古今新人胜旧人。

如今，华罗庚辞世已三十余载，光阴荏苒，斗转星移。人们欣喜地发现，华罗庚和他那一代爱国志士的伟大理想正一步步变为现实。想来，他和他那一代为中华之崛起而奋斗不息的先辈们，定会含笑九泉！